G. HARDY

LA LOI DE MALTHUS

> Ce n'est pas la raison qui résiste à la théorie de la population, c'est un sentiment de répugnance qui n'acceptera la malencontreuse vérité que lorsque tous les subterfuges au moyen desquels on peut lui échapper auront été épuisés. J.-Stuart MILL. *Princ. d'éc. pol.* 1er vol. p. 410.

Prix : 0 fr. 75

PARIS

Chez l'Auteur : 15, Rue d'Orsel

LA LOI DE MALTHUS

G. HARDY

LA LOI DE MALTHUS

> Ce n'est pas la raison qui résiste à la théorie de la population, c'est un sentiment de répugnance qui n'acceptera la malencontreuse vérité que lorsque tous les subterfuges au moyen desquels on peut lui échapper auront été épuisés. J.-Stuart MILL. — *Princ. d'éc. pol.*, 1er vol., p. 410.

Prix : **0 fr. 75**

PARIS

Chez l'Auteur : 15, Rue d'Orsel

A LA MÊME LIBRAIRIE

Moyens d'éviter la grossesse, 8ᵉ mille, 31 figures dans le texte, par G. HARDY. Prix : **1** fr. **25,** franco recommandé, **1** fr. **40.**

Population et subsistances. Essai d'arithmétique économique avec deux tableaux statistiques, par G. HARDY. Prix : **1** fr. **50;** franco, **1** fr. **65.**

La Pauvreté, *sa seule cause, son seul remède,* avec des vues sur la question sexuelle, l'amour libre, la suppression du mariage, du célibat, de la prostitution, de la guerre. *Malthusianisme et néo-malthusianisme,* par le Dʳ Georges DRYSDALE. Prix : **2** fr. **50,** franco **2** fr. **65.**

Éléments de Science sociale ou Religion physique, sexuelle et naturelle; exposé sur la véritable cause et sur le remède des trois principaux maux de la Société : la pauvreté, la prostitution et le célibat, par le Dʳ Georges DRYSDALE, 6ᵉ édition française traduite d'après la 32ᵉ édition anglaise. Prix : **3** fr. **50.**

En préparation :

Population et subsistances. Essai d'arithmétique économique sur le rapport de la population à la production agricole (années 1887 et 1907), avec deux tableaux statistiques, par G. HARDY.

« La question de population touche à tout dit Rossi: à la morale, à la politique, à l'économie domestique. L'individu, la famille, l'Etat y sont également intéressés pour le présent et pour l'avenir, pour leur force comme pour leur bonheur ». Les œuvres d'éducation, d'assistance, de solidarité lui sont directement subordonnées. Tous les moyens de combat contre l'exploitation et la tyrannie, tous les systèmes d'amélioration sociale, réformistes ou révolutionnaires, de coopération ou de syndicalisme, les questions de féminisme, d'amour libre, de dégénérescence, de sélection de la race, etc., tiennent à elle étroitement. Sans elle, aucune matière économique ou politique, aucun sujet social, actuel ou futur, ne peut être envisagé sérieusement et utilement.

Telle est, du moins, l'opinion des malthusiens et des néo-malthusiens, de tous ceux qui rattachent les motifs individuels, familiaux, corporatifs, sociaux, de propagande pratique de procréation consciente et limitée à la loi fondamentale de population découverte par Malthus.

Pour les militants sincères des partis qui poursuivent le bien-être général, pour les socialistes, notamment, qui méconnaissent la loi malthusienne, pour les adversaires systématiques qui l'ignorent ou qui sont effrayés par ses conséquences, j'ai jugé utile de publier cet exposé, d'examiner les objections principales formulées par les économistes actuels, d'indiquer quelle pourrait être l'action de la loi de population sur la société future.

On reprochera sans doute à cet exposé populaire d'insister plus qu'il n'est nécessaire, et un peu scolairement peut-être, sur certaines données très élémentaires, sur la loi de fécondité par exemple. Je m'en excuse, mais une expérience déjà longue, acquise au contact des militants du néo-malthusianisme et de leurs contradicteurs, m'a montré combien il y a profit pour la diffusion des théories malthusiennes, et par là de leurs conséquences pratiques, sexuelles, à insister sur les éléments fondamentaux.

G. H.

LA LOI DE MALTHUS

Cette loi, si elle existe, est une loi
physiologique et non économique. —
Paul LEROY-BEAULIEU. *Le Collectivisme*,
p. 263.

Le mot *loi* n'a pas ici le sens d'ordre, de commandement arbitraire, de règle dictée, imposée par une autorité humaine, mais celui de rapport, de relation, de lien entre des faits naturels. Les physiciens, les chimistes, les mathématiciens formulent des lois, résultats de la constatation de certains phénomènes ou de la détermination des rapports qui les unissent. De telles lois ne sont pas des règles de conduite, des articles de foi, qu'on impose, mais des vérités scientifiques permanentes, universelles, qui s'imposent et que chacun peut, à tout moment, vérifier par l'observation, l'expérience, le calcul.

La *loi de population* a tous les caractères d'une loi scientifique.

C'est par l'observation, la confrontation de faits naturels qu'on l'a découverte. Comme ces faits concernent les êtres vivants, organisés, on dit que la *loi de population* est une loi de la vie, une *loi biologique,* ou encore une *loi organique.* M. Paul Leroy-Baulieu dit une *loi physiologique.*

Nombre de gens, même cultivés, considèrent la loi de population comme une loi économique. C'est une erreur provenant du fait qu'elle a l'influence la plus grande sur la formation des sociétés, leur organisation, leur vie économique et morale, et qu'ainsi, les hommes d'Etat, les économistes, les moralistes, ont été conduits à l'examiner.

La loi biologique de population est aussi appelée *loi de Malthus*, du nom de l'économiste anglais qui, le premier l'exposa dans un ouvrage célèbre : *Essai sur le principe de population*.

Thomas-Robert Malthus (1766-1834), né à Rookery, Surrey (Angleterre), termina ses études au Collège de Jésus, à Cambridge, fut ordonné prêtre et nommé vicaire d'une cure voisine de sa ville natale. C'est un écrit du publiciste communiste William Godwin qui provoqua la publication de son ouvrage sur la population. La première édition parut en 1798, la seconde en 1803, après un voyage d'enquête que Malthus fit en Europe.

Malthus était un excellent homme. Il s'applique, dans son ouvrage, à indiquer les moyens de faire disparaître la pauvreté, d'éviter les souffrances, causées, selon lui, par le principe de population.

C'est une calomnie répétée depuis cent ans par tous ceux qui ne l'ont point lu, de dire qu'il fut insensible ou cruel. « Tout lecteur équitable, dit-il, en terminant son ouvrage, doit, je pense, reconnaître que l'objet pratique que j'ai eu en vue, par dessus tout, quelque erreur de jugement que j'aie pu commettre d'ailleurs, est *d'améliorer le sorte et d'augmenter le bonheur des classes inférieures de la société.* »

I

La loi de population
chez les êtres vivants
autres que l'homme

La nature a répandu d'une main libérale les germes de la vie. mais elle a été économe de place et d'aliments. — MALTHUS. *Essai sur le principe de population,* p. 6.

La concurrence vitale... *c'est la loi de Malthus* appliquée à tout le règne animal et végétal. — DARWIN. *De l'origine des espèces. Introduction,*

La loi de population résulte de l'opposition entre deux faits naturels : 1° la puissance de multiplication des êtres vivants; 2° les bornes de la terre.

Accroissement possible des êtres vivants. — Un groupe de chiens, de lapins, d'animaux quelconques, sauvages ou domestiques, s'accroît en nombre quand on lui offre la place et la nourriture. Ce *fait* d'observation et d'expérience une fois admis, on conçoit que si les mêmes avantages sont assurés à tous les descendants du groupe, on puisse déterminer nettement, mathématiquement, la progression suivie par l'accroissement, et à quel nombre monteraient les membres de ce groupe à un moment donné.

Voici un groupe d'êtres vivants composé, je suppose, de 100 individus. Il augmente, par la reproduction — déduction faite des morts survenues — de 10 individus, par exemple, ou du dixième du groupe initial, en un laps de temps pris pour unité (minute, jour, année, lustre, etc.). Rien ne s'oppose à ce que le nouveau groupe — ainsi formé

par l'adjonction du dixième issu de la population primi-
tive — n'augmente, lui aussi, pendant une nouvelle unité
de temps, de son dixième ; rien n'empêche que ce troisième
groupe, à son tour, ne s'accroisse toujours dans une période de temps égale, de son dixième... et ainsi de suite,
aussi longtemps que les besoins de tous les membres de
chaque groupe successif seront satisfaits.

Au bout de la première unité de temps, le groupe supposé sera devenu :

$$100 + \text{son dixième } 10 = 110$$

Au bout de la deuxième unité de temps, il sera :

$$110 + \text{son dixième } 11 = 121$$

Au bout de la troisième unité de temps, il sera :

$$121 + 12 = 133$$
$$\text{Puis } 133 + 13 = 146, \text{ etc., etc.}$$

Ou encore ce qui revient au même exactement, 100 sera
devenu :

$$100 \ (1 + 1/10) = 110 \text{ après la } 1^{\text{re}} \text{ unité de temps.}$$
$$110 \ (1 + 1/10) = 121 \quad — \quad 2^{\text{e}} \quad —$$
$$121 \ (1 + 1/10) = 133 \quad — \quad 3^{\text{e}} \quad —$$
$$133 \ (1 + 1/10) = 146 \quad — \quad 4^{\text{e}} \quad —$$

...et ainsi de suite, en multipliant toujours le nouveau nombre par la même quantité $(1 + 1/10)$.

Cette suite de nombres : 100, 110, 121, 133, 146, 161, 177...
etc., dont chacun est égal au précédent multiplié par la
même quantité est ce qu'on appelle une *progression géométrique* (1).

La quantité $(1 + 1/10)$ par quoi nous avons multiplié chacun des nombres est la *raison* de la progression.

---

(1) D'une façon générale, appelons comme on voudra a, par
exemple, la fraction qui s'ajoute, en une unité de temps au
groupe initial d'éléments vivants pris pour unité. Le groupe
qui était 1 à l'origine, devient, après l'unité de temps, $1 + a$;
au bout de la deuxième unité de temps il est devenu $(1 + a)^2$...
et après n unités de temps $(1 + a)^n$. Une population d'une
espèce quelconque qui est, à un moment donné P devient donc
après n unités de temps, si *aucun obstacle n'entrave son développement, si les descendants du groupe initial ne manquent
jamais ni de place ni de nourriture* : $P \ (1 + a)^n$. C'est l'augmentation en progression géométrique. — D'après Paul Robin:
Population et prudence procréatrice.

Cette *raison* est variable. Dans le cas qui nous occupe, elle varie pour chaque espèce vivante avec divers facteurs : l'âge où commence la reproduction, la fréquence des naissances, le nombre d'individus de chaque portée, la durée de la fécondité. Nous avons supposé, dans l'exemple précédent, que le groupe initial et les groupes suivants s'augmenteraient successivement de leur dixième durant des périodes égales ; mais l'augmentation pourrait être d'une fraction quelconque, du cinquième, ou du vingtième, ou du centième... du groupe considéré.

Le changement de la *raison* produirait une augmentation numérique différente mais non point un mode d'accroissement différent.

Dans tous les cas, LORSQU'AUCUN OBSTACLE NE S'Y OPPOSE, *tout groupe d'éléments vivants s'accroît suivant une progression géométrique.*

C'est là ce qu'on peut appeler la *loi de fécondité,* l'une des lois dont découle la loi de population.

Or, chez tous les êtres vivants, *sans exception,* — l'homme compris — la raison de la progression est toujours suffisamment élevée pour produire, en peu de temps, *si aucun obstacle ne s'y oppose,* une énorme population.

Quelques exemples marqueront combien est générale cette faculté de rapidité et d'abondance dans l'énergie reproductrice chez les espèces vivantes. Dans la plupart, nous atténuons la fécondité et, avec elle, par conséquent, la progression d'accroissement.

Il suffit d'un petit nombre de bactéridies charbonneuses (bâtonnet monocellaire de 5 à 6 millièmes de millimètre) introduites dans le sang d'un mouton vivant pour que ce sang contienne, au bout de quelques heures, des myriades de bactéridies nouvelles. Un petit nombre d'infusoires (gros comme une pointe d'épingle) peuvent donner, en six jours environ, un poids de protoplasma de 1 kilogramme. Après un mois, à la 150e génération, ils fourniraient un poids qu'il est impossible d'exprimer en langage arithmétique, représenté par l'unité suivie de 44 zéros. Comprimée, cette substance formerait une masse un million de fois plus grosse que le soleil. Et les microbes ont une reproduction plus rapide et plus abondante que les infusoires.

D'après Linné, une plante annuelle produisant seulement deux graines, serait représentée au bout de vingt ans, par

plus d'un million d'individus. A quels nombres monteraient donc les descendants d'un pied de maïs, qui fournit 2,000 graines par an, d'un pied de soleil, qui en donne 4,000, d'un pavot, d'un tabac, d'un orme qui en produisent respectivement 30,000, 40,000, 100,000 et plus !

Le naturaliste Bonnet a calculé qu'à la huitième génération, la postérité d'un puceron atteindrait 40 milliards. Un ascaride émet 64 millions d'œufs, la femelle du termite pond 60 œufs à la minute, 80,000 œufs par jour, et cela peut-être durant toute l'année !

La même multiplication fabuleuse se rencontre chez les poissons. Le hareng produit environ 10,000 œufs. Deux harengs, en dix ans, rempliraient la mer de leur progéniture, l'océan couvrit-il la terre entière. En deux ou trois générations, la femelle de la morue qui fournit plusieurs millions d'œufs, celle du saumon qui en donne 50 millions, encombreraient la mer de leur espèce. A la quatrième génération, la descendance d'un esturgeon pourrait pondre assez de caviar pour former une sphère de la grosseur de la terre.

La descendance possible des êtres placés à des degrés plus élevés sur l'échelle animale, pour être moins fabuleuse, est formidable encore après un petit nombre de générations. Wallace a fait un calcul, souvent cité, sur la progéniture des oiseaux, dans l'hypothèse d'une fécondité atténuée. « Presque tous les oiseaux, dit-il, produisent au moins deux petits chaque année, beaucoup en ont six, huit ou dix. La moyenne est certainement supérieure à quatre. Si nous admettons que chaque femelle ait des petits quatre fois dans sa vie, nous resterons encore au-dessous de la moyenne ; cependant, à ce taux, un calcul simple montre qu'en quinze années, la descendance d'un couple atteindrait le chiffre de 15 millions ».

Il est évident que les chats, les chiens, les autres animaux domestiques peuvent encombrer, en peu de temps, leurs propriétaires d'une progéniture nombreuse. Tout le monde connait la prolificité des rats. Celle des lapins est proverbiale. Vauban a calculé que la descendance d'une seule truie atteindrait 6 millions en dix années. Darwin, évaluant au minimum la progression probable de l'accroissement chez l'éléphant, *mammifère le plus lent à se reproduire,* dit que c'est rester en dessous de la vérité d'assurer que cet animal donne trois couples de petits dans un intervalle de 60 années (de l'âge de 30 ans à 90 ans). D'après cette supposition, au bout de cinq cents ans, il y aurait 15 millions d'éléphants descendus d'une première paire.

Accroissement de la nourriture. -- La place est invariable; la terre et les eaux sont limitées. C'est un fait.

La nourriture offerte par la nature à chaque espèce vivante, en ce qui concerne au moins les espèces autres que l'espèce humaine, ne varie que dans d'infimes proportions, momentanément, soit pour augmenter, soit pour diminuer, mais ne s'accroît, ne peut s'accroître, en aucun cas, selon une progression indéfiniment régulière.

Comparaison des deux accroissements. La loi de population. — La propagation de la vie dépend évidemment de la nourriture, de la place. Or, tandis que la matière vivante est douée de la propriété de s'accroître au-delà de toute quantité donnée, le territoire — et par conséquent la nourriture fournie par lui — demeure invariable et ne varie que dans des limites très restreintes et momentanément.

Il en résulte que le facteur *exubérant et variable :* les êtres vivants, doit forcément se maintenir dans les limites de l'*invariable :* l'espace ; que l'augmentation possible en progression géométrique des premiers ne peut se poursuivre indéfiniment, et ne peut être constatée que pendant un temps très court.

Les bactéridies charbonneuses, bien évidemment, pas plus que les infusoires ou les microbes, n'ont jamais formé de masses aussi colossales que celles dont nous avons parlé. Aucune espèce de plante n'a pu envahir la terre jusqu'à en faire disparaître les autres ; les poissons nagent à l'aise dans les eaux des fleuves et océans ; les oiseaux ne peuplent pas l'atmosphère au point de l'obscurcir, et le pullulement des mammifères n'encombre pas les continents.

En fait donc, le nombre des germes qui arrivent à la vie est de beaucoup supérieur à celui des êtres qui se développent et se reproduisent. Les chiffres des exemples cités sont hypothétiques. Ils marquent des possibilités ; ils indiquent la *tendance* qu'ont les êtres vivants à se multiplier.

Si ces êtres ne se multiplient pas effectivement avec cette foudroyante rapidité, si la progression de leur accroissement n'est pas régulière, c'est qu'un obstacle s'oppose à leur augmentation rapide et constante : la place et la nourriture leur font défaut.

La puissance formidable d'accroissement qu'ils possèdent en réalité, ne se manifeste que lorsqu'une augmentation de nourriture vient à se produire. Cette puissance, limitée, contenue par la quantité de nourriture, se heurte à elle comme à une barrière, presse sur elle, tend à la dépasser.

L'expression de *tendance* peut s'expliquer par une image. Supposons deux coursiers attelés au même char : l'un puissant, fougueux, rapide, l'autre étique et poussif. Le second refrène évidemment la marche, l'élan du premier, dont les efforts sont ainsi en partie annihilés. On peut dire que le premier *tend* à une vitesse qu'il n'atteint pas, qu'il ne peut pas atteindre, entravé qu'il est par le second.

De même *la puissance d'accroissement en nombre des êtres vivants*, entravée, retenue, maintenue dans son élan par une autre force plus faible — dont elle ne peut se rendre indépendante et qui lui fait obstacle : *l'accroissement de la nourriture*, le manque de place, ne peut la dépasser, mais *tend* à la dépasser (1).

La *loi de fécondité*, modifiée, entravée par un obstacle

------

(1) L'expression de *tendance* est d'ailleurs commune dans les sciences. Il est très scientifique de dire, par exemple, dans certains cas, que les corps *tendent* à tomber à terre. Un corps ne tombe pas, en effet, s'il est tenu dans la main, s'il est posé sur une table, s'il est suspendu à un fil. Dans ces différents cas, il *tend* à tomber ; il tombera si l'obstacle est supprimé.

Paul Robin explique ainsi la différence entre les lois *tendancielles* et les lois positives : « Dans l'expression des lois positives, tous les éléments de la question entrent en jeu. Dans l'expression des lois tendancielles, on n'en considère qu'une partie. La loi de Mariotte est une loi positive. Elle ne comporte que deux éléments, le volume d'une certaine masse de gaz et la pression à laquelle elle est soumise. La relation qui les lie est des plus simples : leur produit est constant. La loi de Newton, dans son expression générale de gravitation proportionnelle aux masses en raison inverse du carré des distances est une loi positive. Mais si on la particularise en l'appliquant à la chute des corps à la surface de la terre, elle prend la forme d'une loi tendancielle qui ne se vérifie qu'approximativement, même dans les expériences les plus délicates. »

inévitable, devient la *loi tendancielle de population* que nous pouvons ainsi formuler en ce qui concerne les êtres vivants autres que l'homme :

Tout groupe d'éléments vivants tend à s'accroître au-delà de la nourriture dont il dispose.

Conséquence de la loi de population : concurrence vitale.

— La conséquence fatale de la loi de Malthus, c'est la *concurrence vitale* ou lutte pour la vie, le *struggle for life*.

Dans l'introduction de son ouvrage sur l'*Origine des Espèces,* Darwin dit : « La concurrence vitale entre les êtres organisés provient fatalement de leur multiplication en raison géométrique. C'est la loi de Malthus appliquée à tout le règne animal et végétal ». Et il ajoute : « Puisqu'il naît un nombre d'individus supérieur à celui qui peut vivre, il doit exister une concurrence sérieuse soit entre les individus de la même espèce, soit entre les individus d'espèces distinctes (1).

« Les êtres vivants, écrit Le Dantec, sont bientôt à l'étroit dans les régions où ils se multiplient. Ils se serrent, ils se gênent et, pour conserver leur place au soleil, finissent pas se combattre. Chaque individu tend à détruire ce qui s'oppose à son développement et tire à lui ce qui est nécessaire à son existence ». C'est une concurrence formidable, une lutte âpre et incessante : guerre étrangère d'espèce à espèce, guerre civile entre animaux, entre végétaux, guerre d'individu à individu, de groupe à groupe dans chaque espèce. Cellules, plantes et animaux sont l'aliment les uns des autres « conquièrent les uns sur les autres les éléments de leur être » sont tenus les uns et les autres dans un état perpétuel de luttes et de transformations.

------

(1) Darwin a raconté lui-même comment l'idée de la *sélection naturelle* lui était venue par la lecture de l'ouvrage de Malthus : « C'est l'esprit ainsi préparé, dit-il, que j'ai eu la bonne fortune de lire l'*Essai sur la population,* de Malthus ; immédiatement l'idée de la sélection naturelle par la lutte pour l'existence s'est présentée à mon esprit. » Darwin n'a donc fait qu'appliquer à la nature vivante tout entière la découverte de Malthus. Sans Malthus, comme l'a fort bien remarqué un biographe de Darwin, nous n'aurions peut-être pas l'œuvre de Darwin sur l'*Origine des espèces.*

L'équilibre entre le nombre des êtres vivants et la nourriture ne s'établit qu'au prix de formidables hécatombes. Le calme de la nature, tant chanté par les poètes, n'est qu'une apparence. Tout y est lutte, désir, inquiétude, souffrance. La terre est un champ de bataille immense où la destruction poursuit incessamment son œuvre.

Remarque. — Kropotkine, un des prophètes du communisme anarchiste, a publié un ouvrage, l'*Entr'aide*, dans lequel, sans nier complètement la concurrence vitale, il accorde à l'*aide mutuelle* une importance capitale, quasi prépondérante. Il considère en tous cas la lutte au sein de la même espèce comme exceptionnelle, et l'union, l'association comme la règle.

Mais l'association chez les animaux — et chez les hommes — en admettant que les faits invoqués par Kropotkine soient tous exacts, ne détruit pas la lutte ! Pourquoi s'associe-t-on, sinon pour lutter, pour vaincre ? L'association n'est au fond qu'un mode, une méthode de lutte. Quand une espèce a rencontré un milieu approprié à sa nature, et qu'elle a chassé de ce milieu, par l'association, toutes les espèces qui la gênaient, quand elle a triomphé, ses membres, très rapidement, se multiplient et bientôt sont à l'étroit.

L'association, qui avait sa raison d'être quand elle donnait satisfaction aux besoins de chaque membre, n'atteint plus son but. Elle se désagrège. Les individus, autrefois associés pour le but commun, deviennent ennemis ; l'amour de la communauté, au fond, n'est pour chacun que l'amour de soi-même. Le groupe a vaincu, sans doute, mais la plus grande partie des individus qui le composent, souffrent et meurent prématurément ; dans son sein, par le *struggle for life* des espèces nouvelles se forment qui résultent de la disparition des individus les moins favorisés, les plus faibles, les moins aptes.

La loi de population chez l'homme

> Le principe de population de Malthus
> était pour nous un drapeau et un signe
> de ralliement. — J.-S. MILL. *Mes Mé-
> moires.*
>
> La loi de Malthus ne saurait être niée.
> Alfred NAQUET. *Temps futurs.*

Reconnue incontestable sous le nom de *darwinisme* quand il s'agit de ses conséquences chez les végétaux et les animaux, la loi de Malthus, établie dès l'abord pour l'espèce humaine, est niée comme loi s'appliquant à l'homme par un grand nombre d'économistes, de sociologues, d'apôtres des sociétés futures.

Nous allons examiner successivement : 1° l'accroissement possible de la population humaine ; 2° l'accroissement possible de la production agricole.

De la confrontation de ces deux accroissements, nous tirerons, s'il y a lieu, la loi de population.

Accroissement possible de la population. — On admettra sans peine que la propriété générale des êtres vivants de pouvoir s'accroître en progression géométrique (tous obstacles enlevés, la place et la nourriture étant assurées) s'applique à l'homme.

Un groupe d'être humains, comme un groupe de plantes ou d'animaux, subissant par la reproduction, au bout d'une certaine période, une première augmentation, continuera de s'accroître dans la même proportion, pendant une seconde période de temps égale à la première, puis pendant une troisième, et ainsi indéfiniment en progression géomé-

trique, si les circonstances qui ont favorisé l'accroissement du groupe initial restent les mêmes pour les groupes suivants.

L'espèce humaine n'échappe pas à la loi de fécondité.

Ceci admis, reste à indiquer la durée de la période au bout de laquelle une population humaine est capable de doubler, par exemple, ou de tripler ou de quadrupler, etc.

On peut le faire de deux manières : 1° en se basant sur la fécondité des femmes ; 2° en ayant recours aux statistiques des naissances et des morts, aux faits de multiplication constatés dans certains pays où la nourriture s'est présentée en abondance pendant un certain temps.

1° *D'après la fécondité des femmes.* — Rien n'est plus simple. Nous savons l'âge moyen auquel les femmes sont capables de reproduire leur espèce, nous connaissons la fréquence possible de leurs accouchements et la période ordinaire de leur fécondité. Sur ces *faits naturels,* d'observation, nous pouvons nous baser pour donner une idée de la puissance prolifique de l'espèce humaine.

Une femme normale, donnant tous les rejetons qu'elle peut mettre au monde, en aurait, de l'âge de 16 ans à l'âge de 45 ans, en moyenne *seize,* venant au monde de deux ans en deux ans. Du calcul effectué sur ces bases, il résulte qu'au bout de 80 ans, une femme aurait plus de six cents descendants directs unis à près de six cents conjoints (morts normales déduites, bien entendu). Un siècle après son union, un couple ayant procréé dans ces conditions, serait remplacé en nombre rond par 10,000 personnes. Après deux siècles, par 50 millions. Après trois, par 250,000 millions et après quatre par 1,250,000 milliards. *La population doublerait, dans ce cas, tous les huit ans.*

Cette progression a été réalisée — pendant un très court espace de temps, faut-il le dire ! — par les Français émigrés au Canada au commencement du XIXe siècle, par les colons néo-zélandais, vers le milieu du siècle dernier.

Mais il n'est pas nécessaire que le nombre d'enfants corresponde à la fécondité réelle, physiologique, pour que l'augmentation de la population, *si tous ceux qui naissent sont nourris et soignés,* soit rapide et considérable. Qu'on n'accorde à chaque femme qu'une moyenne de *douze,* ou de *dix,* ou de *huit* enfants, il n'en résultera pas moins, en très peu de temps, une multiplication extrêmement abondante.

Bien que les unions physiologiquement stériles soient des plus rares, bien qu'elles soient compensées, très largement, par des fécondités doubles ou triples, admettons que la fécondité réelle d'une femme soit de *six* enfants seulement pendant la période de 20 à 40 ans. Calculez. La population *triplerait* tous les 25 ans environ.

Atténuons encore, mettons cinq enfants par couple, mettons-en quatre, mettons-en trois, et dans chaque cas la progression, rapidement, conduit à des chiffres élevés. *Dans le cas de trois enfants la population doublerait tous les 45 ans environ* (1). A ce taux l'Europe, dans 45 ans, aurait 500 millions d'habitants ; dans 90 ans, 1 milliard ; dans 135 ans, 2 milliards, etc.

Ces chiffres fantastiques montrent, non seulement que la puissance de reproduction de l'espèce humaine est considérable — ce qui ne saurait être contesté — mais aussi qu'*il n'est point nécessaire qu'elle agisse dans sa plénitude pour occasionner, dès que la nourriture abonde, un accroissement, extrêmement prompt, de la population.*

2° *Par les statistiques.* — Malthus et ses commentateurs, notamment Joseph Garnier, ont publié les tables d'Euler et les statistiques américaines montrant la progression de la population dans un pays où les aliments ont pu être produits en abondance. Je donne ici un résumé et un commentaire de ces statistiques, emprunté à Alfred Naquet (*Religion, propriété, famille*) :

« Aux Etats-Unis, où le sol encore vierge permettait

---

(1) On connaît l'anecdote du problème proposé par l'astronome Herschell à ses invités : A supposer que Sésostris ait reçu pour lui et tous ses descendants le don d'avoir toujours trois enfants par couple, mais pas plus, on demande à combien d'individus monterait sa race aujourd'hui, après 3,000 ans ?

Le calcul effectué, on trouvera que le nombre serait exprimé par 26 chiffres, qu'il serait, au minimum, l'unité suivie de 25 zéros, soit *dix octillions*. Les invités d'Herschell calculèrent que cette population, non seulement couvrirait la surface de la terre, mais qu'il y aurait, au-dessus d'une première couche, des couches successives d'individus... jusqu'à l'étoile Sirius. (D'après Paul Robin. *Dégénérescence de l'espèce humaine.*)

sans grands efforts de récolter la nourriture nécessaire aux colons qui s'y installèrent, on a constaté, pendant une période de plus de 80 ans, le doublement de la population tous les 25 ans en moyenne.

« Voici un tableau montrant la marche de la population de dix ans en dix ans :

1782	2.489.000	habitants.
1790	3.929.000	—
1800	5.305.000	—
1810	7.239.000	—
1820	9.638.000	—
1830	12.866.000	—
1840	17.062.000	—
1850	22.806.000	—
1860	31.443.000	—

« Si nous divisons le chiffre de 1840, soit 17,062,000 habitants par le chiffre de 1790, soit 3,929,000 habitants, nous trouvons que *la population a plus que quadruplé en 25 ans*. De même, en divisant le chiffre de 1850, soit 22,800,000 habitants par celui de 1,800, soit 5,300,000 habitants, nous trouvons que *la population a quadruplé pendant les deux premières périodes de 25 ans*, du siècle dernier. »

Si l'on compare les périodes de 20 ans seulement, on voit que la population a presque doublé de 1800 à 1820, de 1810 à 1830, de 1820 à 1840, de 1830 à 1850, de 1840 à 1860.

Si au lieu de calculer sur le total de la population des Etats-Unis, on calculait sur la population de chaque Etat de l'Union, on trouverait dans certains d'entre eux des progressions beaucoup plus rapides. La population de l'Etat de New-York, par exemple, est devenue 7 fois plus considérable de 1790 à 1840, en 50 ans ; 9 fois plus considérable de 1790 à 1850. Celle de l'Etat de l'Ohio a triplé en 20 ans, de 1820 à 1840 et quadruplé en 30 ans, de 1820 à 1850.

On met en avant l'argument de l'*émigration*.

« Cet argument ne tient pas devant ce fait, dit Alfred Naquet, que *durant les premières années du siècle dernier*, l'émigration n'a pas fourni à l'Amérique plus de 4,000 individus par année. Pour éloigner toute contestation, admettons une immigration annuelle de 10,000 individus aux Etats-Unis ; cela ne ferait jamais que 500,000 débarqués pour les périodes de 50 ans que nous avons considérées, chiffre bien insignifiant si l'on songe que de 1800 à 1850 la population s'est accrue de 17,500,000 habitants. Il est vrai de dire que les nouveaux venus se sont, eux aussi, reproduits ; mais leur nombre égal à 0 en 1800 était égal à 500,000 en 1850 ; nous pouvons donc le considérer comme ayant été constamment égal à une moyenne de 250,000, et, en supposant qu'il ait quadruplé en 50 ans, cela donnerait 1 million, et il resterait encore 16,500,000 pour l'augmentation propre de la population indigène. »

Il faut noter d'ailleurs que, même dans les pays neufs, où les facilités de la vie favorisent l'essor de la population, le taux de l'accroissement réel, quoique très élevé, est inférieur à celui de l'accroissement physiologique.

Malthus fut donc d'une modération extrême en indiquant, pour se mettre à l'abri de toute critique, comme période de doublement *possible* de la population, un espace de 25 années.

Des considérations précédentes sur la fécondité des femmes et des faits statistiques, il résulte bien, ce me semble, que, lorsqu'aucun obstacle ne s'y oppose, la population humaine peut doubler indéfiniment en un laps de temps beaucoup plus court, et que c'est faire une concession que d'adopter la période de 25 années.

Quoi qu'il en soit, contester le chiffre de 25 années, comme on l'a fait, non sans acharnement, c'est s'attaquer au petit côté de la question. Que la population double en 30 ans, en 50 ans, en 100 ans, même, peu importe ; dès qu'on admet l'accroissement en progression géométrique, on admet, par là même, un développement bien plus rapide que celui des aliments (1).

---

(1) « Il y a vingt ou trente ans, disait John-Stuart Mill en 1854, de pareilles propositions auraient exigé de nombreuses preuves à l'appui, mais leur évidence est tellement frappante et tellement incontestable qu'elles ont fait leur chemin à travers tous les genres d'opposition et qu'elles peuvent être considérées maintenant comme des *axiomes,* bien que l'extrême répugnance que l'on éprouve à les admettre donne naissance, de temps en temps, à quelque théorie éphémère, bientôt oubliée, d'une loi de l'accroissement différente, dans des circonstances différentes, qui résulteraient d'une adaptation pro-

Accroissement de la nourriture. — La terre consacrée à la production de la nourriture de l'homme est limitée en étendue.

C'est un fait que des roches, des montagnes, des landes, des déserts ardents ou glacés, complètement stériles, restreignent le champ de culture.

Il y a, sans doute, de vastes territoires, généralement éloignés des agglomérations, que l'on pourrait cultiver; mais il faut précisément tenir compte des difficultés causées par leur distance. On ne les conquiert que lentement à la culture, au prix de travaux considérables, d'outillages coûteux, de capitaux élevés, de transports onéreux. Les richesses alimentaires qu'ils peuvent contenir sont placées, par l'éloignement des groupements humains, des marchés, par le manque de voies commodes de communication, par la nécessité de réserves, indispensables en attendant la première récolte, dans la situation de celles que renferme l'océan. Enormes, illimitées en apparence, elles sont, en fait, limitées par les obstacles qu'on rencontre pour les exploiter.

De plus, une partie importante du sol fertile doit être consacrée à la nourriture des animaux, à leur entretien, aux cultures et installations industrielles, aux demeures des hommes, etc.

Le sol cultivable est donc limité.

Mais l'homme modifie pour son avantage les légumes, les fruits, les graines fournies par la nature; il augmente, par son travail, par sa science, la production des terres.

Peut-il accroître indéfiniment cette productivité ? La science agricole, aidée par les découvertes de la physique et de la chimie, permet-elle de donner à l'accroissement des produits alimentaires une impulsion telle qu'il puisse suivre

---

videntielle de la fécondité de l'espèce humaine aux besoins de la société. » (*Principes d'écon. pol. Tome I, page* 180.)

De pareilles propositions, *évidentes,* ont encore besoin de démonstration; elles sont soigneusement évitées par des savants réputés, qui craignent de les reconnaître pour des axiomes.... à cause des conséquences qui en découlent. Et alors, on renouvelle les théories fantaisistes et tombées dans l'oubli qui furent opposées autrefois à Malthus et aux économistes malthusiens.

indéfiniment l'accroissement dont est capable la population ?

Les faits ne permettent point une réponse affirmative.

En dépit des données de laboratoire, une longue expérience prouve qu'en agriculture, après une certaine période dans l'exploitation des terres (période écoulée depuis longtemps dans les pays vieux), leur *rendement,* c'est-à-dire la quantité de produits récoltée pour une surface donnée, *n'augmente pas proportionnellement aux travaux et aux capitaux qu'on y applique.* On appelle ce phénomène la loi de l'industrie agricole ou *loi de productivité diminuante* (ou de *rendement diminuant.*)

Plus on demande à la terre, plus elle offre de résistance.

Si, à l'aide de travaux et de capitaux, représentés par *un,* je suppose, on obtient au bout d'une certaine période de temps, un rendement *un,* on pourra sans doute, à la fin d'une seconde période égale à la première, avec travaux et capitaux représentés par *deux* obtenir un rendement double. Mais, pour avoir un rendement *triple* au bout d'une troisième période, il faudra augmenter plus que proportionnellement le travail et le capital et les porter, par exemple, à *trois et demie.* Puis les porter à *cinq,* pour n'avoir qu'un rendement *quadruple,* et ainsi de suite, la dépense et le travail prenant de plus en plus d'importance pour une augmentation de rendement de moins en moins forte. Et cela jusqu'à une limite où toute augmentation de travail et de capital serait vaine pour accroître la production.

En un mot, les additions successives qu'on peut faire au produit d'une terre, même avec des soins et des capitaux considérables, sont de moins en moins élevées et finissent par s'arrêter à une limite très proche.

C'est là un fait que tout agronome, au courant des expériences de laboratoire et de leur application aux travaux pratiques du sol, ne peut mettre en doute.

Malthus, pour illustrer sa démonstration, pour donner plus de force à ses arguments, supposa que les produits de la terre étaient capables d'augmenter, au maximum, suivant une *progression arithmétique* (1). Mais c'était une concession exagérée faite aux critiques.

______

(1) On appelle *progression arithmétique,* une suite de nom-

En réalité, il n'y a pas de progression régulière qui puisse être déterminée pour l'accroissement des produits du sol. Tandis qu'il est permis de donner une formule mathématique de l'augmentation possible de la population, il est téméraire d'en indiquer une pour l'accroissement possible de la quantité d'aliments.

Ce qu'on peut avancer, c'est que cet accroissement est lent, difficile, sans régularité, c'est que la production stagne souvent, rétrograde même, qu'elle a des soubresauts, qu'elle est assujettie aux conditions variables des météores, du climat, qu'elle est surtout dominée par la constitution du sol.

Remarques. — Il y a deux remarques principales à faire sur la loi d'industrie agricole.

En premier lieu, contrairement à ce qu'on objecte souvent, elle n'infirme pas ce fait qu'il est possible, à un moment donné, par une application générale de procédés agri-

---

bres tels que chacun d'eux est égal au précédent *augmenté* d'un nombre constant qui est la *raison* de la progression.

3, 5, 7, 9, 11, 13... forment une progression arithmétique dont la *raison* est 2.

La progression *géométrique,* nous l'avons vu, est une suite de nombres tels que chacun d'eux est égal au précédent *multiplié* par un nombre constant qui est la *raison* de la progression.

3, 6, 12, 24, 48, 96... forment une progression géométrique dont la raison est 2.

Malthus opposant ces deux progressions possibles dit :

« La race humaine croî*trait* comme les nombres 1, 2, 4, 8, 16, 32, 64, 128, 256 ; tandis que les subsistances croî*traient* comme ceux-ci : 1, 2, 3, 4, 5, 6, 7, 8 9...

« On voit que dans nos suppositions nous n'avons assigné aucune limite aux produits de la terre. Nous les avons conçus comme susceptibles d'une augmentation indéfinie, comme pouvant surpasser toute grandeur qu'on voudrait assigner. Dans cette supposition même, le principe de population, de période en période, l'emporte tellement sur le principe productif des subsistances que, pour maintenir le niveau, pour que la population existante trouve des aliments qui lui soient proportionnés, il faut qu'à chaque instant une loi supérieure fasse obstacle à ses progrès ; que la dure nécessité la soumette à son empire, que celui, en un mot, de ces deux principes contraires dont l'action est si prépondérante, soit contenu dans certaines limites. » (*Essai,* Liv. I. Ch. I. Page 11).

coles scientifiques, par une dépense extraordinaire de capitaux intelligemment utilisés, de travail parfaitement employé, d'augmenter tout à coup, la production d'une exploitation, ou du territoire entier d'une nation au point de la doubler, de la tripler peut-être, une première fois.

Mais l'effort donné, le sacrifice fait, le produit obtenu, la loi de production diminuante, suspendue un moment, reprend ensuite son cours dans les conditions nouvelles où l'agriculture a été ainsi placée, et la pénible augmentation, non proportionnelle au travail et au capital, redevient la règle.

De même, des terrains vierges, comme il s'en est trouvé en Amérique, peuvent subir des préparations agricoles telles que le produit puisse, pendant quelque temps, être proportionnel au travail et au capital; mais une fois atteint un certain niveau, ces terres suivent la loi générale.

En second lieu, ce serait une erreur de croire que la limite des dernières facultés de production du sol, que l'action de la loi de production diminuante soit éloignée. Et la preuve c'est qu'on met en culture de mauvais terrains. Or, mettre en culture de mauvais terrains, c'est se donner plus de mal pour un rendement moindre, c'est récolter moins de produits pour un travail équivalent consacré à une bonne terre. Dans les pays neufs, les terres inférieures ne sont pas cultivées; on ne commence à les mettre en valeur que lorsque le travail et le capital appliqués aux bonnes terres ne donnent plus de rendement proportionnel.

S'il était possible, donc, en augmentant le travail sur un sol fertile, d'augmenter le produit dans la même mesure, les terres inférieures resteraient en friche. Le fait qu'elles sont cultivées montre bien qu'*à tout moment,* le travail et les capitaux supplémentaires dépensés sur les bonnes terres ne donnent pas un rendement proportionnel à ce travail et à ces capitaux.

Comparaison des deux accroissements. Obstacles à la population. — Il y a donc, entre les facultés naturelles de reproduction de l'espèce humaine et celles de la productivité du sol cultivé et cultivable une disproportion considérable.

Tandis que les hommes sont doués par la nature de la puissance de s'accroître en nombre, indéfiniment, au-delà de toute quantité donnée, avec une vigueur inépuisable et suivant une progression rapide, la constitution du sol, modifiée cependant, améliorée par l'homme, ne permet qu'un accroissement très lent des produits alimentaires.

L'homme possède, pour la multiplication de son espèce, une puissance productive plus grande que pour la multiplication des aliments dont il a besoin.

D'où il suit, évidemment, que la lente progression de la quantité de nourriture entrave l'exubérance naturelle de la population, forme l'*obstacle initial* et général à son accroissement rapide et indéfiniment régulier; d'où il résulte que le nombre des hommes est, *de toute nécessité,* contenu dans la limite des produits alimentaires.

Mais ce premier et grand obstacle au développement de la population: le manque de nourriture, n'agit d'une manière directe, immédiate, que dans le cas de famine. La recherche des subsistances, la crainte du manque ou de l'insuffisance, produisent dans les foules humaines, un grand nombre d'*obstacles dérivés:* habitudes, mœurs, coutumes individuelles, familiales, sociales qui sont, en définitive, des formes de la lutte pour la vie, des modes d'organisation de cette lutte, laquelle domine les sociétés humaines comme les sociétés animales ou végétales.

Ces obstacles à l'accroissement de la population, dérivés de l'obstacle primordial — obstacles inévitables sous une forme ou sous une autre — qui ont agi constamment depuis l'existence de l'homme, qui agissent sans cesse, dont quelques-uns ou dont un au moins agira toujours (ou tout au moins aussi longtemps que la capacité prolifique de l'espèce humaine n'aura pas subi de modification considérable) ces obstacles, qui maintiennent forcément le nombre des hommes dans la limite des aliments disponibles, sont et ne peuvent être évidemment que de deux sortes:

1° Ils détruisent *prématurément* les existences;

2° Ils empêchent les naissances.

A la première catégorie appartiennent les famines, les guerres, les meurtres de toutes sortes, les épidémies, les occupations malsaines, le surmenage, la mauvaise hygiène, etc., etc., tout ce qui constitue la pauvreté, la misère. Ce sont les obstacles *répressifs* (ou *destructifs* ou *positifs*.)

A la seconde catégorie appartiennent la stérilité, la prostitution (en tant qu'elle rend les femmes stériles), le célibat, l'avortement, les moyens d'empêcher la conception (copulation préventive, prophylaxie anticonceptionnelle). Ce sont les obstacles *préventifs* (appelés *privatifs*, par Malthus.)

Loi de population. — De l'examen approfondi de ces obstacles, dans les différents pays sauvages et civilisés, anciens et modernes, Malthus a conclu que l'action des obstacles *préventifs* n'a jamais été assez forte pour empêcher une action énorme des obstacles *répressifs*. Il lui apparut qu' « à tous les degrés de barbarie ou de civilisation, sous tous les climats et sous toutes les formes de gouvernement, chez les peuples de toutes les races, *une partie de la population* tendant à se multiplier plus vite que les moyens d'existence, était sans cesse moissonnée par la faim, le défaut de vêtements ou d'abri, les maladies ou les vices qu'engendre la pauvreté, et souvent par la guerre. Il fut frappé surtout de voir que lorsqu'une grande calamité, comme la peste, par exemple, avait fait périr, dans un pays quelconque, un nombre considérable d'habitants, sans attaquer la source des richesses, la population s'était rapidement élevée à son premier niveau et l'avait même souvent dépassé. »

Ces observations de Malthus sont incontestables. Nous n'avons pas besoin de recourir ici, comme lui, aux statistiques, à l'histoire, à l'ethnologie, aux relations des voyageurs, aux faits vérifiés par les sociologues pour nous assurer que l'action des obstacles *répressifs* a été de tous temps très forte, et qu'elle intervient aujourd'hui pour maintenir l'exubérance de la prolifération prolétarienne. Il suffit de constater les idées généralement répandues concernant la population et la génération.

Depuis l'existence des sociétés humaines, l'action des obstacles à la population a-t-elle été, quelque part, la conséquence d'une vue nette, par tous les individus, de la nécessité absolue d'opposer une barrière à la multiplication humaine ? Les hommes, considérés en groupe, ont-ils agi, agissent-ils volontairement sur leur nombre pour établir entre la population et les subsistances un rapport voulu, déterminé, nécessaire ?

Il n'y a, je pense, aucun doute sur ce point. Le rapport entre population et subsistances est le résultat du hasard. Il s'établit non point par la volonté générale, par l'action réfléchie, mais par le jeu d'obstacles aveugles dont souffrent les hommes. L'idée qu'une règle puisse être nécessaire en matière de reproduction humaine n'a jamais prévalu, ne prévaut nulle part d'une manière générale. Dans tous les milieux, c'est aujourd'hui encore, relativement à la question de population, à son importance suprême, sociale ou individuelle, le scepticisme, l'indifférence, l'opposition ignorante. En aucun temps, en aucun pays, dans leur ensemble, les hommes n'ont envisagé l'impérieuse nécessité de freins à l'accroissement de leur nombre, n'ont examiné l'action, la nature des freins inévitables, ni l'utilité sociale du choix possible de l'un d'entre eux, inoffensif, et de sa substitution étudiée, délibérée, calculée, aux freins meurtriers. On a bien plus excité l'instinct de population qu'essayé de le dompter.

Ce n'est pas que des couples n'aient limité sciemment leur descendance, mais l'*immense nombre ne l'a point fait,* ou n'a point su le faire, ou ne l'a fait qu'insuffisamment et tout à fait inconsciemment quant aux conséquences sociales de sa retenue.

Ce n'est pas non plus que les hommes n'aient le désir de restreindre leur progéniture, ce n'est pas surtout que les femmes ne redoutent les grossesses nombreuses... mais les prolétaires, hommes ou femmes, ignorent généralement les moyens d'éviter la conception et même les éléments de la propreté et de l'hygiène sexuelles.

La continence des uns, de pur égoïsme individuel ou familial, est neutralisée par la prodigalité sexuelle des autres. Beaucoup de couples engendrent, par insouciance ou ignorance, autant d'enfants qu'ils peuvent et en conservent plus qu'ils ne sont capables d'en nourrir confortablement. Ménilmontant et Belleville compensent les Champs-Elysées ; la natalité considérable des faubourgs des grandes villes contrebalance le malthusianisme des campagnes (1) ; toute cité a

---

(1) M. Jacques Bertillon (*La Natalité et le degré d'aisance. Bull. de l'Inst. intern. de stat.* 1889, 1re liv. Tome XI) donne pour 1,000 femmes de 15 à 50 ans les chiffres de naissances suivants, à Paris : Quartiers *très pauvres,* 108 ; Quartiers *pauvres,* 95 ; Quartiers *aisés,* 72 ; Quartiers *très aisés,* 65 ; Quartiers *riches,* 53 ; Quartier *exceptionnellement riche,* 34. Il conclut que la natalité des arrondissements les plus pauvres est *triple* de celle de l'arrondissement le plus riche.

A Berlin, pour 1,000 femmes de 15 à 50 ans, d'après le

ses quartiers grouillant d'enfants, tout village a son coin
de prolétaires (1).

En France, même, où le taux de la natalité est un des
plus bas du monde, 1,500,000 ménages ont 3 enfants, près
d'un million en ont 4, plus de 500,000 en ont 5, plus de
300,000 en ont 6, et près de 300,000 en ont de 6 à 15. Ils ont
ce nombre d'enfants. Combien en ont-ils eus ? Un tel excès de progéniture ne supplée-t-il pas, et au-delà, à l'abstention des célibataires et des ménages n'ayant pas ou
n'ayant qu'un et deux enfants ?

La faculté prolifique des hommes est tellement énorme
que, même atténuée, elle comble sans effort les vides produits par l'action des freins de toutes sortes. Malgré l'existence simultanée des obstacles divers, ou répressifs ou préventifs, en dépit des ravages de la pauvreté, des guerres,
de l'avortement, etc., nonobstant le célibat et la prostitution, sans cesse et partout — sauf exceptions rares et mo-
mentanées — la population a pressé sur la limite des aliments et presse aujourd'hui sur elle.

La culture des terres nouvelles, l'exploitation du sol par
les méthodes intensives, par une main-d'œuvre puissante
et intelligente, à l'aide de capitaux considérables, fournit
sans nul doute, une augmentation de la quantité d'aliments
à consommer, mais à peine ces progrès accomplis, à peine
ces produits récoltés, — étant donné l'ignorance, la men-
talité et les mœurs actuelles des prolétaires qui sont, sur la
question de population et la question de procréation, identiques à celles du passé — d'innombrables nouveaux consommateurs, amenés par l'imprévoyance des faiseurs d'enfants, se présentent au partage. Un accroissement de la
production a pour conséquence un accroissement corres-
pondant de la population qui rétablit, entre le nombre des
hommes et les aliments, un rapport défavorable au bien-

---

même auteur, on a : 157 naissances dans les quartiers *très
pauvres ;* 129 dans les quartiers *pauvres ;* 114 dans les quartiers
aisés ; 96 *très aisés ;* 63 *riches ;* 47 *très riches.*

A Vienne, dans les mêmes conditions : quartiers *très pauvres,* 200 ; *pauvres,* 164 ; *aisés,* 155 ; *très aisés,* 153 ; *riches,*
107 ; *très riches,* 71.

A Londres : quartiers *très pauvres,* 147 ; *pauvres,* 140 ; *aisés,*
107 ; *riches,* 87 ; *très riches,* 63.

(1) *Prolétaire* (du latin *prolès,* lignée) signifie *faiseur d'enfants.*

être. Par l'ampleur donnée à la culture, la population devient plus nombreuse, mais non pas moins pressée, mais non pas plus heureuse.

Semblable à une barrière extensible, à un anneau élastique, la production étreint à tout moment la population, l'enserre, la maintient dans sa limite avec une vigueur d'autant plus grande que les colonnes humaines tentent avec plus d'énergie de la dépasser. Pressés les uns contre les autres dans l'espace étroit où les enferme une force impérieuse, manquant de nourriture, les hommes luttent, s'entredévorent, dépérissent, disparaissent prématurément, tandis que d'autres naissent sans cesse, occupent aussitôt les places laissés par la mort, donnent un surcroît de population, et maintiennent la pression permanente sur la limite variable des aliments.

La population a une TENDANCE *constante à presser sur la limite des aliments.*

Telle est la loi de population.

Ainsi formulée, elle exprime :

1° La *tendance réelle*, celle qui a toujours existé, qui se manifeste aujourd'hui dans toutes les nations, qui produit une pression effective de la population sur les aliments, pression plus ou moins forte selon les lieux, résultant de l'imprévoyance, de la passion instinctive, de l'ignorance sexuelle du plus grand nombre ;

2° La *tendance virtuelle*, celle d'une société qui reconnaîtrait la nécessité d'un principe de règlement de la population, qui adopterait, mettrait en pratique, méthodiquement, la limitation des naissances, dont chaque membre connaîtrait et pourrait appliquer les principes élémentaires de la propreté et de l'hygiène sexuelle. Dans ce cas, la population ne presserait pas sur les aliments. La tendance resterait latente, en puissance.

Examen des obstacles à la population. — L'examen des obstacles à la population conduit à d'importantes conséquences. Pour le simplifier, nous pouvons ramener les obstacles plus haut énumérés à un petit nombre.

Tous les obstacles *répressifs* peuvent être considérés comme contenus dans ce terme : *la pauvreté.*

La guerre, en effet, est plus terrible par les misères qu'elle cause indirectement, que par les morts prématurées qu'elle produit directement. Elle est d'ailleurs la conséquence de la pauvreté, de la lutte économique.

Les maladies, le surmenage, les épidémies, les meurtres, etc., qui amènent les morts prématurées résultent le plus généralement de la pauvreté, de la misère. La famine n'est rien autre que l'extrême misère.

Parmi les obstacles *préventifs*, nous négligerons la stérilité, dont l'action est insignifiante sur la limitation de la population et qui d'ailleurs est compensée largement par de doubles et triples naissances.

Nous dirons donc que l'accroissement de la population est principalement entravé par cinq obstacles dérivés du manque de nourriture ou de la crainte du manque de nourriture : *la pauvreté, le célibat, l'avortement, la prostitution, la copulation préventive.*

Considérons maintenant le tableau suivant qui indique deux périodes de doublement de la population dans quelques pays, à deux époques différentes (on pourrait évidemment raisonner sur d'autres tableaux donnant d'autres variations d'accroissement pour d'autres époques) :

Périodes de doublement de la population.

	Commencement du XIXe siècle	De 1850 à 1880
France	138 ans	250 ans
Allemagne	76 —	82 —
Angleterre	43 —	69 —
États-Unis	25 —	30 —
Russie	43 —	38 —

D'où proviennent les différences de doublement constatées dans tous les pays à la même époque, et dans chaque pays à deux époques différentes ?

Pourquoi, par exemple, la population doublait-elle en 25 années aux États-Unis, alors qu'elle progressait si lentement en France, qu'il lui aurait fallu 138 ans pour doubler ?

Il serait fantaisiste d'attribuer ces différences à des variations dans la fécondabilité des femmes. La Française n'est pas moins apte que l'Allemande ou l'Américaine aux grossesses répétées; la Française du commencement du XIXe siècle, n'était pas plus apte à la procréation que celle du second empire; la femme russe de 1850 à 1880 ne l'était pas plus que celle du commencement du XIXe siècle.

Il n'y a, on l'admettra je pense, aucune différence entre les capacités prolifiques moyennes des femmes de tous les pays, à toutes les époques.

Chaque fois donc que nous constatons une différence entre *l'accroissement possible* de la population d'un pays et son *accroissement réel;*

Ou chaque fois que nous constatons des différences entre les taux d'accroissement des différents pays;

Ou encore, chaque fois que nous constatons dans un même pays, des accroissements différents à des époques différentes, *cela est dû et ne peut être dû* EXCLUSIVEMENT qu'à un ou plusieurs de ces cinq obstacles : à la misère, au célibat, à l'avortement, à la prostitution, à la copulation préventive.

Action collective des obstacles. — Comme nous ignorons quel serait *exactement,* dans un pays donné, l'accroissement de la population laissé à sa puissance naturelle, il nous est impossible de marquer, d'une façon précise — par la différence entre l'accroissement réel et l'accroissement possible — l'action collective absolue des obstacles; mais nous pouvons avoir une idée de leur action collective relative par comparaison soit avec l'accroissement des autres pays à la même époque, soit avec l'accroissement à une autre époque dans le pays considéré.

Il semblera sans doute évident que la population s'accroît d'autant moins vite que l'action de l'ensemble des obstacles est plus forte. En France, par exemple, il existait, aussi bien au commencement du XIXe siècle, que de 1850 à 1880, une action collective des obstacles plus forte qu'en Allemagne, et dans ce dernier pays qu'en Russie ou aux Etats-Unis, etc. Dans les pays énumérés, la Russie exceptée, l'action collective des freins à la population était moins forte au commencement du XIXe siècle que de 1850 à 1880, puisque la population s'accroissait plus rapidement.

Nous pouvons donc conclure que *l'action collective des obstacles est en raison inverse de la rapidité d'accroissement de la population.*

Cette action collective est énorme dans tous les pays, même dans les pays neufs; il suffit pour s'en rendre compte d'avoir toujours présente à l'esprit la différence colossale qui existe entre *l'accroissement réel* de la population — si favorisée soit-elle par la culture, le climat, l'organisation sociale — et *l'accroissement possible*.

Action particulière des obstacles. — Maintenant, quelle que soit l'action collective des obstacles, chacun d'eux agit avec plus ou moins de force. Cette action particulière, difficile à déterminer d'une manière absolue, peut être évaluée par comparaison avec l'action simultanée des autres obstacles ou de quelques-uns des autres obstacles.

Il est évident, par exemple, que toute limitation dans la population qui n'est pas due aux obstacles préventifs, est due aux obstacles répressifs, que plus l'action d'un obstacle est considérable, moins doit l'être l'action des autres; que l'action prépondérante d'un obstacle atténue et peut supprimer même celle de quelques autres ou de tous les autres, et réciproquement dans chaque cas.

Toute augmentation ou toute diminution dans l'action d'un obstacle, en d'autres termes, a sa répercussion en sens inverse, par une diminution ou une augmentation d'un autre ou de tous les autres obstacles. Un seul obstacle (la prostitution exceptée) peut remplacer tous les autres, à la condition inéluctable qu'il soit augmenté exactement de la diminution que ces autres ont subie.

Ainsi, par exemple, dans les pays comme la France, où agissent fortement les obstacles préventifs — avortement, célibat, copulation préventive — la somme des obstacles répressifs est moins considérable que dans les pays comme l'Italie, la Belgique, la Russie, où le célibat et la copulation préventive ont peu d'action.

Dans un état donné de production alimentaire, la pauvreté ne peut donc diminuer que par une augmentation du célibat, ou de l'avortement, ou de la copulation préventive, ou de deux ou trois de ces obstacles.

Si, la pauvreté restant la même, le célibat et la copulation préventive agissent avec plus d'intensité, l'avortement diminuera son action et réciproquement.

Quand l'avortement diminue, le célibat et la copulation préventive, ayant une action stationnaire, la pauvreté augmente.

Si l'action de la copulation préventive et de l'avortement se faisait fortement sentir, le célibat, la prostitution, la pauvreté diminueraient, etc., etc.

Tous les cas possibles peuvent être envisagés.

Il suit de ces considérations : que l'unique moyen de supprimer la pression permanente de la population sur les aliments, que *l'unique moyen d'éteindre la misère, de rendre les guerres impossibles, d'abolir la prostitution* — et en conséquence de préparer et d'instaurer un nouvel état social, d'effectuer en somme une *révolution — est d'augmenter considérablement l'action des obstacles préventifs :* célibat, avortement, copulation préventive, et de choisir parmi ces derniers, celui qui contient la moindre somme de souffrances physiques ou morales pour le substituer à tous les autres.

En somme, le problème social consiste tout entier dans la question de savoir par laquelle de ces méthodes préventives doit être effectué l'inévitable frein à l'accroissement de la population. Une nécessité inexorable oblige les hommes, pour leur bien-être, à choisir *entre* ces freins et non en dehors d'eux.

Malthusianisme. — Malthus fit choix du célibat, d'un célibat d'une nature particulière : il recommandait aux couples de se marier tard, de telle façon qu'entre l'époque du mariage pour la femme et l'âge où elle ne peut plus concevoir (ménopause, âge critique) chaque famille ne puisse avoir qu'un petit nombre d'enfants.

A la famine de l'estomac, il opposait celle du cœur et des sens. Il préconisait le partage des souffrances provenant du manque d'amour.

Son remède pour avoir son plein effet, exigerait la continence sexuelle de tous jusqu'à l'âge de trente ou trente-cinq ans. Il est complètement illusoire de s'attendre à voir cette pratique adoptée par tous les humains. Les organes sexuels ont besoin, comme tous les autres, chez la femme comme chez l'homme, d'un exercice suffisant bien avant l'âge de trente ans. Le manque de satisfactions sexuelles amène, d'ailleurs, surtout chez la femme, une sorte d'état morbide.

Quoi qu'il en soit, le célibat prolongé, avec abstention de relations sexuelles dans le mariage, sitôt nés un petit nombre d'enfants, est encore timidement préconisé par une catégorie de chrétiens, *vieux malthusiens*, protestants pour la plupart.

Ai-je besoin de faire remarquer, en passant, combien sont fausses toutes les accusations d'immoralité formulées contre Malthus, à la fois par les socialistes et les « moralistes ». On appelle disciples de Malthus ceux qui pratiquent l'avortement ! On appelle disciples de Malthus les « faiseuses d'anges », les malheureuses qui tuent leurs nouveaux-nés, etc., etc...

Néo-Malthusianisme. — Les *néo*-malthusiens font choix de la *copulation préventive*, des moyens d'hygiène sexuelle tendant à *éviter* la conception. Ils propagent les moyens de prévenir la grossesse (1). Ils considèrent le célibat prolongé comme un mal.

Si la loi ne s'y opposait, quelques néo-malthusiens iraient jusqu'à admettre l'avortement, dans les cas où les procédés anticonceptionnels ont échoué, mais à la condition expresse qu'il put être effectué par des praticiens habiles, dans les meilleures conditions de sécurité, d'hygiène, et, d'ailleurs, aussi rarement que possible sur la même femme.

Cette brochure n'ayant pour objet que l'exposé de la loi malthusienne, je n'ai pas à m'étendre sur la doctrine néo-malthusienne, ses conséquences, les objections qu'on lui fait.

Je me borne à donner ici le *Sommaire des Conférences* de Paul Robin, initiateur en France du mouvement néo-malthusien, sommaire qui résume admirablement cette doctrine :

I.— Malthus a établi :

1° Que la population, *si aucun obstacle ne l'en empêche,* croît indéfiniment en progression géométrique ;

2° Que la quantité de subsistances que peut fournir un sol limité est nécessairement limitée ;

Donc : *Que la population a une tendance constante à s'accroître au-delà des moyens de subsistance.*

____

(1) Lire les *Moyens d'éviter la grossesse,* par G. Hardy. 96 pages, 31 figures dans le texte. Prix : 1 fr. 25 franco ; recommandé : 1 fr. 40.

2. — Les *obstacles naturels* à l'accroissement de la population sont tous *douloureux*, répressifs : morts de faim, de misère, de maladie, guerres, meurtres, etc.

La sauvagerie des prétendues civilisations a, jusqu'à ce jour, aggravé les obstacles naturels.

3. — Les moyens fournis par la science physiologique ne causent *aucune douleur*, sont *préventifs :* ils empêchent les naissances, les conceptions non désirées.

Ces moyens, connus ou employés par les riches, sont considérés comme contraires à la décence, à la moralité, aux bonnes mœurs, par l'hypocrisie sociale quand on les enseigne à ceux qui en ont le plus besoin : aux pauvres.

4. — Il y a intérêt pour tous, individus, familles, groupes sociaux plus ou moins étendus, humanité entière, à ce que les enfants naissent de la meilleure qualité possible.

5. — Cette vérité est admise pour toutes les espèces vivantes nécessaires à la nôtre, aussi bien végétales qu'animales, et la *pratique* des cultivateurs et des éleveurs est parfaitement conforme à la théorie de la *sélection artificielle scientifique.*

Reproduction des sujets les meilleurs au point de vue recherché ; exemple : pour les chevaux de course, rapidité ; pour les animaux de boucherie, quantité et qualité de la viande ;... ce devrait être, pour les humains, un ensemble harmonique de qualités physiques, intellectuelles et morales.

6. — Pour notre race, la solution de ce problème, *le plus grave de tous,* est laissée *au hasard,* et on le *complique* follement par la *sélection à l'envers,* la *destruction des meilleurs,* la conservation, la *reproduction des plus mauvais.*

Unions ou mariages au hasard de gens qui ne se connaissent pas ; motifs de mariage autres qu'amour réciproque ; guerres industrielles, guerres internationales ; charité négligeant les meilleurs, les laissant déchoir à tous égards, soignant surtout les inférieurs, assurant leur reproduction.

7. — La *morale positive* ne peut être autrement définie que la *science et l'art du bonheur* de tout ce qui vit et sent, et avant tout de notre race.

Nous avons tous intérêt à *connaître cette science, à pratiquer l'art* qui en est la connaissance.

Tout individu qui prétend donner à la morale une autre définition basée sur les conceptions *a priori,* non démontrées, qu'il adopte, n'aboutit en réalité qu'à celle-ci : « Un acte est moral quand il me plaît; immoral quand il me déplait. » Et c'est ainsi que chacun de ces métaphysiciens prétend faire de ses rêveries la règle des autres humains.

8. — Pour arriver au bonheur de tous, il faut :

1º Une bonne organisation de la société humaine. Celle-ci n'a pu être réalisée par les individus en très grande majorité presque sauvages des temps passés et présents. Elle le sera par les générations prochaines ayant reçu :

2º Une bonne éducation. De celle-ci, seuls auront tiré tout le profit possible, pour eux et leurs semblables, ceux qui seront de :

3º Bonne naissance.

Bonne organisation sociale. — Des expériences sociologiques impossibles aujourd'hui dans notre état d'intérêts antagonistes, de concurrence acharnée, de luttes, de divisions, de haines, seront faciles à des gens de bonne volonté, ayant tous la même culture, *basée sur le réel,* vivant dans l'abondance, dans un milieu d'intérêts concordants. — *Bonne éducation,* c'est-à-dire exclusivement fondée sur les réalités scientifiques, sur l'observation, l'expérience, la liberté, l'affection, tout à fait dégagée des résidus métaphysiques. — *Bonne naissance* de parents de bonnes qualités, s'étant choisis en parfaite liberté et n'ayant enfanté qu'avec volonté bien réfléchie.

9. — Le problème du bonheur humain a donc *trois parties* à résoudre dans cet ordre seul :

1º *Bonne naissance;* 2º *Bonne éducation; Bonne organisation sociale.*

Les efforts pour résoudre une partie du problème sont en grande partie perdus tant que les précédentes sont mal résolues.

10. — C'est aux mères de résoudre la première. Toutes savent que *c'est un grand malheur,* une grande faute, de *mettre au monde des enfants* qui ont des chances d'être *mal doués,* ou auxquels on ne peut procurer dans les conditions actuelles, la *satisfaction entière de leurs besoins matériels et moraux.*

Cette vérité est la plus importante de toutes.

11. — Les femmes doivent savoir que la science leur fournit les moyens efficaces et non douloureux de ne mettre au monde d'enfants que quand elles le veulent, et elles ne le voudront certainement alors que dans des conditions telles que leurs enfants aient toutes les chances d'*être sains, vigoureux, intelligents et bons*.

Que toutes l'apprennent, les inférieures aussi bien que les supérieures. De la sagesse, de la prudence, de la volonté raisonnée de celles-ci, de l'heureuse abstention de celles-là, dépend d'abord leur propre satisfaction, puis la première, *la plus importante condition du bonheur de l'humanité*.

La maternité, en un mot, doit être absolument libre.

Que le nombre des gens diminue provisoirement ou définitivement peu importe ; l'important est que la qualité de tous marche vers l'idéale perfection.

Les moyens matériels sont décrits dans des ouvrages publiés ou adoptés par la *Ligue de la Régénération humaine*, envoyés seulement sur les demandes de personnes majeures ; ou enseignés par des médecins et des sages-femmes indiqués par la Ligue.

12. — Les gens bien nés, bien élevés, n'auront aucune peine à s'entendre pour créer les organisations sociales basées sur la réelle liberté de chacun, assurant à tous l'abondance de tous les biens produits par la nature et l'industrie, et la félicité générale résultant de la bonté de tous envers tous.

III

La loi de population
et les systèmes sociaux

...Les socialistes abandonnent la discussion des problèmes sexuels aux néo-malthusiens. — Anton MENGER. *L'État socialiste.*

Dans le but de mieux marquer la loi malthusienne je crois utile d'indiquer ici l'effet qu'elle pourrait avoir sur une société idéale et, par là, celui qu'on peut raisonnablement lui attribuer sur l'organisation des sociétés humaines.

Le communisme et la loi de population. — Supposons qu'en France s'établisse le régime le plus beau qu'on puisse imaginer : le communisme.

Tous les antagonismes, toutes les divisions, toutes les misères ont disparu. Ni querelles, ni guerres ; ni exploiteurs, ni exploités. Plus d'autorité vexatoire. Le travail modéré remplace le travail exténuant. Tous les biens de la terre sont équitablement répartis. Les subsistances vont facilement des lieux où elles abondent dans ceux où elles manquent. Pas ou peu de morts prématurées, causées par la mauvaise hygiène, la mauvaise nourriture, le surmenage, etc.

Il est évident que le commerce des sexes s'établit en toute liberté. Les unions sont nombreuses et précoces. Peu importe le nombre d'enfants qu'une femme aura ; peu importe à qui ces enfants appartiendront : la communauté se charge de les élever. Pas d'avortements par conséquent, ni d'infanticides. Plus de célibat ou à peine. Le mot « fille-mère » est dénué de sens. La fécondité est honorée, glorieuse.

La crainte d'avoir des enfants, celle de ne pouvoir les élever confortablement n'arrêtent plus les couples puisque les frais d'élevage, d'éducation sont assurés par tous. Les motifs individuels égoïstes qui, dans la société actuelle, portent les ménages à la restriction sexuelle disparaissent. Etant admis d'ailleurs, par les prophètes, les théoriciens et la plupart des propagandistes du communisme — que la production socialiste suffit à tout, pourvoit à tout, les motifs généraux, sociaux, n'agissent pas davantage.

On est en droit de penser que les naissances seraient fort nombreuses. Chaque couple, uni de bonne heure, donnerait assez d'enfants pour que la population doublât, comme en Amérique à l'époque de l'installation des premiers colons, en l'espace de quinze années. Supposons pourtant que le doublement ait lieu toutes les vingt-cinq années seulement. Voilà pour la population.

Admettons maintenant toutes les fantaisies romanesques sur la production agricole. Des ressources énormes, une science prodigieuse, une main-d'œuvre exceptionnellement intelligente, sont appliquées à la terre. Les travailleurs très aptes à ces travaux et merveilleusement dirigés, emploient en grande culture les procédés de Georges Ville. Les engrais chimiques sont judicieusement répandus, on parvient à chauffer la terre, on la couvre de vitrages; on draine; on repique le blé, les céréales; les récoltes sont protégées contre les animaux nuisibles et les intempéries. Les épis lourds sont maintenus par des supports. La gelée, la grêle, les orages, les tempêtes, l'humidité, la sécheresse, sont prévus et prévenus, le soleil et les nuages sont domestiqués. En tout temps la récolte est certaine et progressive.

La loi d'industrie agricole est ainsi détruite; dans de telles conditions, le produit initial peut s'ajouter tous les vingt-cinq ans au produit récolté, indéfiniment, suivant une progression arithmétique. Les plus extravagants disciples de Georges Ville ne pourront manquer de regarder cet accroissement comme un maximum.

Voilà pour la production agricole.

Soit maintenant la France communiste avec 38 millions d'habitants amplement nourris par sa récolte de froment, 15 millions de tonnes de blé, par exemple, produites par un rendement moyen de 20 hectolitres à l'hectare.

Au bout de vingt-cinq ans la population serait de 76 millions d'habitants. La nourriture, dans les conditions que nous avons admises, pourrait doubler facilement dans le même laps de temps et suffirait à l'entretien de tous.

Après une seconde période, au bout de 50 ans, la population monterait à 152 millions d'habitants; et déjà la terre devrait rendre 60 hectolitres à l'hectare, et la récolte s'élèverait à 45 millions de tonnes qui ne nourriraient amplement que 114 millions d'habitants.

Dans la période suivante, la population devrait atteindre 304 millions d'habitants; mais la nourriture n'en pourrait entretenir que 152, par un rendement moyen de 80 hectolitres à l'hectare, supérieur à celui qu'obtenait M. Georges Villé dans ses petits champs d'expérience à Vincennes.

A la fin du premier siècle il devrait y avoir 608 millions de Français misérables se partageant en frères des moissons merveilleuses, mais suffisantes seulement pour 190 millions d'individus...

Notons qu'il s'agit seulement du froment. Les cultures de seigle, d'orge, les cultures destinées à l'alimentation des animaux, les pâturages, les cultures industrielles s'étendent... De telle sorte que les produits des terres nouvelles mises en culture ne sauraient longtemps suffire pour tenir tête à la population.

Il est donc évident que la population devra *de suite,* dès le début de l'exploitation agricole, se proportionner aux aliments produits par le champ commun. L'accroissement possible indéfiniment régulier de la population aura pour obstacle général, sous le régime le plus admirablement outillé et organisé, l'accroissement beaucoup moins rapide des produits alimentaires. *Il faudra, nécessairement,* que la population, par un obstacle ou par un autre, préventif ou répressif, soit maintenue dans la limite des aliments. Les millions d'êtres humains qui pourraient excéder n'existeront jamais.

En effet, de deux choses l'une : ou bien les communistes négligeront, comme leurs prophètes d'aujourd'hui, la question de la population et la question sexuelle; ou bien ils connaîtront la loi malthusienne et agiront pour éviter ses effets.

Dans les premiers cas, la limitation de la population aura lieu par la souffrance et la violence. L'harmonie sociale ne durera pas. Dès que le manque se fera sentir, dès que chacun, pour subvenir aux besoins des naissances nouvelles, verra sa part réduite au-dessous du strict minimum et son travail augmenté, l'égoïsme, l'intérêt personnel deviendront tout puissants. Les divisions réapparaîtront; la loi sera celle du plus fort. Les prévoyants ne voudront pas se charger de subvenir aux besoins des imprévoyants; la propriété individuelle s'organisera, la responsabilité de l'élevage des enfants incombera à ceux qui les auront engendrés, l'institution du mariage, celle de la famille en résulteront.

Là où il ne devait y avoir que des hommes libres, égaux, heureux, il y aura, par l'effet d'une loi naturelle non consciemment entravée, des vainqueurs et des vaincus, maîtres et esclaves ou serfs et seigneurs, ou salariants et salariés. Il y aura une question sociale.

A l'origine pourtant aucune autorité n'existait; « ni mauvaise organisation, ni aucune de ces institutions humaines auxquelles on attribue généralement tous les vices, ne sont venues mettre en opposition le bien public et le bien particulier. Il n'a été créé aucun monopole qui ait réservé à un petit nombre des avantages que la raison prescrit de rendre commun à tous. On ne peut point dire qu'aucun homme ait été excité par d'injustes lois à violer l'ordre. La bienveillance régnait dans tous les cœurs. Et voilà qu'après une courte période, la violence, l'oppression, la fraude, la misère, qui troublent et déshonorent la société actuelle se sont manifestées de nouveau et paraissent avoir été engendrées par les lois mêmes de la nature, sans qu'aucun règlement humain ait exercé ici son influence ». Le régime social le plus beau dégénère et retombe dans une forme de société peu différente de celle que nous avons sous les yeux. Les obstacles répressifs : la guerre, le travail excessif, la misère, etc., limitent alors, comme aujourd'hui, la population.

On objectera sans doute que les communistes sauront s'apercevoir *de suite* du danger de leur accroissement trop rapide, ou que les femmes des temps futurs se refuseront au rôle de pondeuses et connaîtront les moyens de prévenir la grossesse. Je l'espère. Mais c'est là précisément toute la question actuelle, future, permanente. Nous sommes alors dans le second cas, celui où les communistes abandonnant les idées étroites, erronées, de leurs prophètes sur la question sexuelle et la question de population, proportionneront leur nombre aux subsistances, soit par l'adoption générale d'un principe de règlement de la population, soit, ce qui, au fond, revient au même, par la généralisation des procédés d'hygiène permettant à toutes les femmes d'éviter les grossesses qu'elles ne désirent pas.

La communauté serait, dans tous les cas, soumise à l'indispensable condition de la limitation des naissances. Sans le néo-malthusianisme le régime communiste périrait ; avec le néo-malthusianisme il pourrait durer et se perfectionner.

Le collectivisme et la loi de population. — Il apparaît sans doute au lecteur que le collectivisme, comme le communisme, ne saurait échapper à la nécessité de restreindre *de suite* la population, ne pourrait éteindre la race des *prolétaires* sans recourir à la limitation méthodique des naissances.

La loi des salaires, loi temporaire, particulière au régime capitaliste, n'existera évidemment plus sous le régime collectiviste, mais la loi naturelle, universelle, permanente de population subsistera (1).

---

(1) La loi des salaires est ainsi formulée par M. Guesde, d'après le socialiste allemand Lassalle : « *Le salaire moyen ne saurait normalement dépasser le* cantum *de subsistance nécessaire — dans un temps et dans un milieu donnés — pour que l'ouvrier puisse vivre et* SE REPRODUIRE. »

On conçoit qu'il puisse y avoir un salaire moyen minimum permettant à l'ouvrier de vivre et de se reproduire à un nombre donné d'exemplaires, à un, à deux, à trois exemplaires. Mais le salaire n'a jamais été fonction du nombre d'enfants engendrés par l'ouvrier ; le salaire n'est pas fonction de la fécondité familiale ; l'ouvrier, très rare, qui ne se reproduit pas du tout touche un salaire égal en moyenne à celui, très commun, qui se reproduit à un grand nombre d'exemplaires.

Le minimum de salaire pour un ménage sans enfant, est un sous-minimum pour le ménage chargé d'enfants.

Les théoriciens du collectivisme sont toujours très vagues lorsqu'ils parlent de la famille, de la reproduction, de la progéniture prolétarienne. Ils disent : l'ouvrier, la femme, *l'enfant*, là où il faudrait dire : l'ouvrier, la femme, *les enfants*. Ils comparent le total des salaires distribués ou distribuables non pas au total de la population prolétarienne, mais au nombre d'ouvriers aptes à produire.

S'ils admettent que la loi de l'offre et de la demande régit les rapports du capital et du travail, c'est pour accuser, avec raison, le capitalisme de profiter de l'abondance des bras qui s'offrent à l'exploitation. Mais le meilleur moyen de faire

Les profits pris aujourd'hui par les capitalistes et distribués entre les membres de la collectivité, si les collectivistes négligent la loi de population ne serviraient qu'à l'entretien d'un plus grand nombre d'individus, sans leur donner le bien-être.

Les instruments de production possédés ou exploités en commun ne procureront l'aisance à chacun que si la population se proportionne aux ressources alimentaires de la collectivité. Le gouvernement collectiviste devra traiter son domaine à peu près comme un fermier son exploitation et tenir comptabilité du nombre de producteurs employables sur les chantiers, et des consommateurs nourrissables par le champ commun.

Une des premières lois collectivistes, sinon la première, sera, devra être, une loi malthusienne. Je ne jurerais pas que leaders collectivistes n'aient point songé à cette éventualité. Mais ils ont une singulière façon d'y préparer les foules : ils n'en parlent jamais.

La concurrence sociale. — Les quelques remarques que nous venons de faire permettent d'indiquer logiquement comme cause initiale et principale de la mauvaise distribution des produits, comme cause de la servitude et des iniquités, le manque ou l'insuffisance permanente de la nourriture.

Les hommes primitifs, les peuples civilisés, anciens et modernes, n'ont pas disposé des moyens d'exploitation du sol que nous avons si libéralement concédés à la société communiste. Ils n'ont point eu de conducteurs instruits, généreux, désintéressés, connaissant la vraie cause de leurs maux et capables de leur en fournir le remède. Ils n'ont point connu davantage la perfection intellectuelle et morale qu'on peut accorder hypothétiquement aux communistes. Leur instinct sexuel s'est manifesté avec une violence immuable.

---

cesser cette exploitation, de provoquer la hausse des salaires, d'amener par là un changement social, n'est-il pas de raréfier la main-d'œuvre ? On n'asservit que l'indigence.

Je compte revenir sur cette question dans une brochure sur les *salaires et la loi de population*.

Il en est résulté, au cours des siècles, une extraordinaire intensité de la limitation répressive, une concurrence violente entre individus, puis entre groupements, pour la conquête de la nourriture, des produits du sol. Cette lutte s'organisa. On eut des chefs, des gouvernements chargés d'utiliser les forces d'attaque, de production, de défense, et de les combiner pour l'intérêt du groupe. Dans la suite des temps, les chefs oublièrent l'intérêt général pour ne songer qu'au leur. Ils s'entourèrent de fidèles nantis formant les classes dirigeantes, les oligarchies militaires, religieuses, ploutocratiques, financières, qui surent exploiter la plèbe sans cesse exubérante.

Les *prolétaires* facilitèrent cette exploitation en maintenant constamment leur nombre au-dessus de celui que pouvait nourrir le sol, au-dessus de celui qui était nécessaire pour accomplir le travail destiné à l'entretien de tous. Ils formèrent eux aussi une classe bien marquée : « au physique, tantôt par une force musculaire assez grande et déterminée par le fonctionnement des membres que nécessite le travail, tantôt au contraire par une faiblesse notable déterminée par l'excès de labeur et l'insuffisance de la nutrition ; au moral, par l'ignorance, avec un mélange de servilisme produit par l'obéissance, et de tendance à la révolte occasionnée par le désir naturel d'échapper à la servitude ».

La cause initiale de ces divisions, de ces conflits, l'excès de la population, subsiste à travers les âges malgré les progrès de la culture, du commerce, de l'industrie, augmentée, compliquée des causes secondes qu'elle a produites, causes plus apparentes et auxquelles chacun attribue les malheurs humains.

C'est, dit John-Stuart Mill, l'avarice de la nature et non l'injustice de la société qui est cause du châtiment attaché à l'excès de population. Une distribution injuste des richesses n'aggrave même pas le mal, mais tout au plus fait-elle qu'on le ressent un peu plus tôt.

IV

Objections à la loi de population

Les réfutations des doctrines de Malthus
sur la population ont été, pour la plupart. des exemples de « sophismes par
ignorance du sujet ». J.-Stuart MILL.
— *Système de logique.*

Les économistes du XIXᵉ siècle, entre autres Ricardo,
Rossi, J.-B. Say, de Sismondi, J.-Stuart Mill, J. Garnier,
Ch. Comte, Dunoyer, furent malthusiens. Ils regardaient la
loi de population comme rigoureusement exacte, et la plupart d'entre eux, à l'inverse des socialistes de leur temps,
ne craignaient pas d'aborder la solution sexuelle du problème de la misère. Ils recommandaient soit le remède de
Malthus, soit celui des néo-malthusiens.

Aujourd'hui les économistes officiels, ceux qui détiennent
les chaires des facultés et des écoles, tombent d'accord avec
les théoriciens socialistes et se posent en adversaires de la
doctrine. La crainte des conséquences les conduit au rejet
du principe. Ils renouvellent quelques-unes des innombrables
et vaines tentatives de réfutations déjà faites, au cours du
dernier siècle, réfutations que Stuart Mill étiquetait *sub-
terfuges*, et aussi *sophismes par ignorance du sujet.*

Nous ne pouvons, évidemment, dans cette brochure,
qu'examiner brièvement quelques objections.

Objections de M. Levasseur. — M. Levasseur, professeur au Collège de France, membre de l'Institut, dit :

« Il est certain que l'expérience n'a pas confirmé la double
progression divergente de Malthus... »

Rien de plus certain, en effet. Sous la plume d'un maître,
cette phrase est à tout le moins singulière ; elle révèle en

tous cas la plus entière ignorance de la question. M. Levasseur n'a pas lu Malthus.

L'Essai sur le principe de population, ni dans son ensemble, ni dans ses détails, ne peut permettre de penser, un moment, que son auteur exprime cette sottise que la population *croît toujours, doit croître* en progression géométrique, ou que la production agricole *croît toujours, doit croître* en progression arithmétique. Malthus, bien au contraire, montre que ces deux progressions *possibles* (dont il atténue l'une — celle qui concerne l'accroissement des hommes — dont il exagère beaucoup l'autre, pour prévenir les critiques des plus difficiles), ne peuvent pas — sauf momentanément et par exception, dans les pays neufs favorisés par un beau climat et un sol fertile — être confirmées par l'expérience. Il consacre tout son ouvrage, que M. Levasseur, encore une fois, n'a pas lu, à l'examen des obstacles entravant la progression rapide de la population...

M. Levasseur donc énumère une série de rapports destinés à remplacer la loi de population. Ces rapports sont tantôt au nombre de dix-sept, tantôt au nombre de treize (1).

Ils constatent que la population « en tout temps et en tout lieu est limitée par les subsistances produites par le sol national ou acquises par l'échange » ; qu'elle peut être plus nombreuse : 1° « dans un pays où la terre est fertile et qui possède des avantages naturels que sur un sol ingrat » ; 2° « dans un pays où l'exploitation de la richesse exige plus de bras qu'ailleurs » ; 3° « dans les pays où les hommes sont laborieux et intelligents que dans ceux où ils ne le sont pas » ; 4° « dans un pays où la somme des capitaux est plus considérable et peut payer plus de travail »...

Il n'y a là rien qui contredise Malthus. Cet économiste n'a pas prétendu que la terre était arrivée à sa plus haute puissance de production et qu'elle ne pourrait nourrir beaucoup plus d'habitants qu'il n'en existe aujourd'hui, il n'a pas soutenu que la population ne peut pas s'accroître par la culture de terrains nouveaux, par l'amélioration du sol, par

---

(1) Au nombre de 17 dans l'article *Population* du *Dictionnaire d'économie politique* de Chailley Bert, au nombre de 13 dans l'article *Population* donné par M. Levasseur à la *Grande Encyclopédie*.

une dépense plus considérable de capital et de travail, par l'intelligence ou le labeur des habitants, par une organisation économique ou sociale mieux comprise. Il a démontré, au contraire, que toute augmentation, par un moyen quelconque, des produits à consommer entraîne une augmentation correspondante de population et qu'ainsi le *rapport* entre les deux termes reste le même. Il a démontré que la terre est trop peuplée par rapport aux produits existant à chaque époque en général, et qu'il en fut ainsi, à un degré plus ou moins grand, depuis les débuts de l'histoire.

M. Levasseur dit aussi que la limite de la population « varie suivant la quantité de richesse produite et le niveau moyen des consommations individuelles ». En quoi il est d'accord avec Malthus. Pour la même quantité de nourriture produite ou acquise, les consommateurs sont évidemment d'autant plus nombreux qu'ils se contentent d'un type moyen de bien-être alimentaire plus inférieur. Mais, étant donné ce type même — et par rapport à lui — ceux qui l'admettent sont-ils plus à l'aise, ne peuvent-ils pas presser davantage sur la limite des aliments ? Les Chinois, par exemple, qui se contentent d'une alimentation très peu abondante, sont évidemment, pour la même quantité d'aliments, plus nombreux que les Français. Mais, par rapport à leur ration effective moyenne, ils sont certainement plus serrés que ces derniers. Des obstacles répressifs nombreux, la famine, l'infanticide, l'avortement, la guerre, etc., ravagent constamment la population chinoise.

Dans un état de civilisation donné, une population plus considérable ne peut, prise en masse, être aussi abondamment pourvue qu'une population plus faible.

L'important en économie sociale n'est pas de savoir si la population est plus ou moins nombreuse, mais si l'agriculture assure à chacun de ceux qui vivent et qui naissent, pour un mode d'existence et un type de bien-être adoptés, la ration considérée comme nécessaire à l'entretien de la vie.

M. Levasseur dit encore que « dans les pays où s'élève le niveau du bien-être et par suite, la moyenne des consommations individuelles, le progrès de la population doit se ralentir et la richesse est stationnaire », mais que « le plus souvent, cette élévation du niveau est amenée par un accroissement de la richesse ».

Il est parfaitement exact, et Malthus n'a rien dit là contre, qu'un accroissement de richesse, surtout de richesse alimen-

taire — surtout encore si cet accroissement est soudain —
peut élever le niveau de la consommation individuelle et que
cette élévation, à son tour, a pour conséquence de refréner,
au moins momentanément, l'accroissement de la population.
Des individus sont en effet portés — dans le but de ne
point perdre pour eux et leur descendance le bien-être
acquis — à la prévoyance parentale. Mais il reste toujours,
dans une population ainsi favorisée, un bas fonds d'insou-
ciants ou d'ignorants sexuels suffisant pour perpétuer, à
côté d'un type d'aisance, un type de misère plus exubérant
qui tend à se développer et à maintenir la poussée, un moment atténuée, de la population sur les subsistances.

S'il est vrai d'ailleurs qu'un accroissement de richesse alimentaire peut favoriser une « élévation du niveau du bien-
être », il l'est tout autant qu'une diminution des consommateurs amène, au moins momentanément, un bien-être moyen
plus élevé. Tout fléau violent qui décime une population,
toute épidémie meurtrière, toute guerre sanglante, sont sui-
vis d'une période d'aisance relative... bientôt annihilée par
un surcroît de naissances...

M. Levasseur convient du reste que « la population a une
tendance à s'accroître par les naissances comme elle a une
tendance à produire la richesse » ; il ajoute seulement
qu'« on ne saurait dire laquelle l'emporte naturellement ».

Comme si la faculté naturelle que possède la population
de s'accroître rapidement n'était pas énorme, comme si les
naissances prolétariennes ne parvenaient pas à suivre toute
augmentation des produits, comme si l'accroissement des
richesses alimentaires ne dépendait pas d'un élément naturel : le sol, limité, résistant aux améliorations, refusant
tout rendement proportionnel au travail et au capital.

On sait donc fort bien que la tendance de la population à
s'accroître est de beaucoup supérieure à celle des produits
agricoles. Il s'ensuit de nombreux obstacles à la multiplication des hommes dont M. Levasseur ne tient aucun compte.
Il suffit à nos économistes de constater qu'une sorte d'équilibre s'établit entre le nombre des hommes et la nourriture.
De chercher à connaître la nature de cet équilibre, d'examiner comment il se produit, n'est point leur affaire.

L'observation de M. Levasseur est d'autant plus étrange
qu'il admet la loi de productivité diminuante :

« Dans les contrées anciennement cultivées, dit-il, où

l'on n'obtient un rendement supérieur qu'en dépensant plus de travail et de capital, la population agricole augmente moins que dans les pays neufs... »

En effet, la barrière de culture qui s'oppose à la marche de la population ne peut être reculée aussi vite dans les vieux pays que dans les pays neufs. L'action des obstacles est plus forte dans les premiers que dans les seconds ; elle se fait sentir sur la population agricole comme sur la population manufacturière ; car si, comme le dit M. Levasseur, les nations manufacturières peuvent se procurer la nourriture par l'échange et augmenter ainsi le nombre de leurs habitants, leur prospérité dépend du rapport de leur population aux aliments qu'elle peut obtenir. Les pays industriels qui importent des céréales, agissent, par leur industrie, comme s'ils annexaient les terres qui produisent ce qu'elles achètent, comme s'ils cultivaient des terres nouvelles, ou comme s'ils amélioraient leur sol. C'est pour eux une façon de reculer la barrière, d'agrandir l'enclos. Mais chaque pouce de territoire ainsi gagné est immédiatement envahi ; chaque afflux de nourriture permet de vivre à un plus grand nombre d'êtres, et la poussée de la population subsiste sur chaque limite nouvelle.

M. Levasseur n'apporte aucune espèce de modification à la loi malthusienne. Il nous énumère seulement, sans s'arrêter à leur examen, les causes qui peuvent provoquer l'augmentation ou la diminution de la population ; ces causes ne sont pas niées par les malthusiens. Il aurait pu, au lieu de formuler 13 et 17 *rapports,* en formuler des centaines, voire des milliers... qui, exacts, ne sauraient être que des corollaires de la loi de Malthus.

Objections de M. Charles Gide. — Après un court exposé de la loi malthusienne, M. Charles Gide, professeur d'économie politique à la faculté de droit et à l'école des Ponts et Chaussées, dit, dans ses *Principes d'économie politique* (édit. 1908, page 596) :

« Un siècle s'est écoulé depuis la publication de cette célèbre doctrine, et l'expérience n'a pas, jusqu'à présent, justifié les prévisions pessimistes de Malthus. Nous avons vu, au contraire, dans presque tous les pays, un accroissement de la *richesse* plus grand que l'accroissement de la population, et cela aussi bien dans les pays neufs, comme les Etats-Unis, que dans les pays vieux, comme la France. »

L'expérience a, jusqu'à présent, et tout au long des siècles, confirmé pleinement la loi de Malthus. S'il y a eu dans certaines contrées favorisées par la culture d'étendues fertiles immenses, un accroissement de *richesse alimentaire* plus grand, à certains moments, que l'accroissement de la population, il n'y a eu qu'exceptionnellement et temporairement — dans les pays neufs, comme les Etats-Unis au siècle dernier — entre la population et les vivres, un rapport tel qu'il eût été possible d'assurer à chacun, dans un partage équitable, la ration physiologiquement nécessaire. Le rapport effectif de la population aux subsistances s'est toujours maintenu inférieur à celui qui permettrait à chaque individu la réparation des forces physiques, de l'énergie dépensée.

J'ai montré, dans une brochure sur la *Population et les subsistances* (1904), les illusions qu'on se fait sur la valeur du rapport qui lie ces deux termes. Tenant compte des produits qui doivent être réservés pour la semence, de ceux qui sont employés pour la nourriture des animaux et pour l'industrie, exagérant d'ailleurs la production et atténuant par contre le nombre des consommateurs, j'ai pu conclure, comme *indication,* que la terre — pays civilisés seulement et non compris la Chine — ne nourrit que les deux tiers de ses habitants, que les hommes disposent seulement de deux parts pour trois, que dans un partage égal des produits agricoles personne n'aurait le nécessaire (1).

M. Yves Guyot, dans ses communications à la Société de statistique et à la Société d'anthropologie, a conclu ainsi sur le même sujet :

1° La production du froment et de la viande dans le monde est de beaucoup inférieure à la ration nécessaire, telle que l'ont déterminée les travaux des physiologistes, et, en dernier lieu, d'Atwater;

2° L'augmentation de la population dans les soixante-dix dernières années, en Europe, a été telle que, sans les importations de froment et de viande des autres continents, elle serait à l'état de disette;

----

(1) La conclusion de ce premier essai d'arithmétique économique est corroborée par celle d'une étude comparative sur le rapport de la population aux subsistances faite pour les années 1887 et 1907. A vingt ans de distance, l'insuffisance de nourriture reste la même, avec une tendance à augmenter.

3° Beaucoup de ceux qui ont le plus besoin d'une alimentation réparatrice n'ont qu'une alimentation insuffisante;

4° Les grands pays exportateurs de blé, la Russie, les États-Unis, le Canada, l'Inde, l'Australie, la République Argentine n'offrent pas, pour l'avenir, des réserves inépuisables; le développement des récoltes n'y suit pas une ascension continue, etc.

M. Daniel Zolla, professeur à l'Ecole nationale d'Agriculture de Grignon, dit, après avoir comparé la production agricole à la population :

« La plus stricte égalité adoptée pour procéder au partage ne saurait donner à tous l'aisance, le bien-être, la vie large que nous promettent les réformateurs sociaux. » (*Les Forces productives de la France*, page 19.)

M. de Lanessan s'exprime ainsi dans son ouvrage sur *La Lutte pour l'existence dans les sociétés* :

« En résumé, les observations les moins contestables établissent, d'une manière irrécusable, l'insuffisance plus ou moins marquée de l'alimentation, à la fois parmi les paysans, parmi les ouvriers industriels et la petite bourgeoisie, c'est-à-dire dans les huit dixièmes de la population française. Et il en est ainsi parce que la lutte pour l'existence et la concurrence sociale maintiennent les salaires et les traitements de toute cette partie de la population à un taux beaucoup trop faible. »

M. Gide affirme, pour appuyer sa thèse, que les marchés sont encombrés de produits agricoles. Cette affirmation surprendra sans doute : l'encombrement du marché alimentaire entraînant évidemment une baisse considérable des prix, et, en conséquence, des facilités générales de vie qu'on ne constate cependant nulle part.

L'action des obstacles répressifs n'est pas, pour M. Gide, la preuve évidente de l'existence de la loi de population, ni l'indice de la pression constante de la population sur les subsistances; il se refuse à voir la loi malthusienne pesant aujourd'hui comme autrefois sur l'humanité. Mais, comme il reconnaît exacte *la loi de productivité diminuante*, force lui est d'avoir au moins des craintes, pour l'avenir; il espère qu'alors les idées démocratiques, le féminisme et je ne sais quel antagonisme physiologique, purement imaginaire, entre l'activité génésique et l'activité cérébrale (1) ralentiront la natalité. M. Gide serait donc néo-malthusien pour l'avenir ; aujourd'hui l'apôtre de la coopération taxe de « répugnants » les moyens qu'une civilisation plus avancée jugerait dignes d'elle. (*Revue hebdomadaire*, 8 mai 1909).

M. Gide, enfin, fait intervenir la psychologie qui nous offre, paraît-il, « des perspectives favorables sur la possibilité de satisfaire à un nombre grandissant de besoins... Par exemple, le besoin de l'alimentation ne sera jamais remplacé par aucun autre, mais le besoin de tel ou tel aliment en particulier pourra toujours être remplacé par quelque autre. Si les hommes ne devaient se nourrir que de blé, il paraît certain que, tôt ou tard, il n'y en aurait point assez ; mais comme ils mangent au contraire de moins en moins de pain, ils les remplacent par une infinité d'aliments divers et qu'on en invente sans cesse de nouveaux, il n'y a pas de raison pour penser qu'on voie jamais la fin de la carte du menu ».

Les hommes ne se nourrissent pas que de blé, cela est vrai. Ils se nourrissent de maïs, de riz, d'avoine, de millet, de seigle, de légumes secs ou frais, de fromage, de beurre, de viande, de fruits, d'huile, etc., etc.

Toutes ces productions, qu'on récolte peu des unes, beaucoup des autres, qu'on les remplace les unes par les autres, ou par des aliments nouveaux, dépendent de la culture du sol, de la loi d'industrie agricole, *dont M. Gide admet l'existence.*. On peut donc diversifier à l'infini les espèces d'aliments, en cultiver qui soient plus ou moins riches en principes nutritifs, il est, dans tous les cas, impossible de les multiplier, au point de tenir tête constamment à la population, à moins que cette population ne soit limitée volontairement. Jusqu'à présent les restrictions, égoïstes, féministes, psychologiques, de quelques-uns n'ont pu entraver suffisamment sa progression.

---

(1) Cet argument de l'opposition entre l'activité cérébrale et l'activité génésique est sans la moindre valeur. Il a été vingt fois opposé au malthusianisme. Certainement les *intellectuels* ont moins d'enfants que les travailleurs manuels. Mais cela tient purement et simplement à ce qu'ils connaissent et emploient les moyens d'éviter une nombreuse progéniture.

Et si les hommes n'agissent point généralement pour prévenir les naissances et proportionner leur nombre aux aliments disponibles, s'ils n'emploient pas consciemment des moyens qui répugnent à M. Gide, ils continueront à être décimés par la misère, les guerres, les morts prématurées... en dépit des palliatifs préconisés par des « humanitaires » de l'espèce de M. Gide.

Objections de M. Paul Leroy-Beaulieu. — M. Paul Leroy-Beaulieu, professeur au Collège de France, membre de l'Institut, est plus logique que ses confrères économistes, MM. Levasseur et Gide. Il nie simplement la loi de productivité diminuante et, en conséquence, la loi de Malthus :

« L'idée des rendements nécessairement décroissants, dit-il, n'a pu se développer que chez des hommes dont l'attention n'était nullement portée sur les progrès actuels et probables des sciences physiques, chimiques et mécaniques. » (*Traité d'économie politique*, vol. VII, page 768.)

Ni Malthus, ni aucun économiste malthusien n'a méconnu les modifications que le développement des sciences peut apporter dans l'agriculture et dans la vie. Stuart Mill, entre autres, un des hommes les plus savants de son siècle, un des penseurs les plus profonds de tous les temps, un des philosophes les plus humains qui aient jamais vécu, Stuart Mill, la bête noire de M. Paul Leroy-Beaulieu, prévoit les progrès scientifiques industriels et agricoles. Mais cela ne l'a point empêché de conclure à l'existence de la loi de productivité diminuante, à l'impossibilité d'obtenir du sol, dans un état de culture donné, une augmentation de produits indéfiniment proportionnelle à celle du capital et du travail.

M. Paul Leroy-Beaulieu, propriétaire et agriculteur, soutient qu'il lui est loisible, en augmentant le capital et le travail consacrés à ses terres, d'augmenter indéfiniment et proportionnellement les récoltes. Ses terres doivent faire l'admiration du monde ! (1)

___

(1) M. Paul Leroy-Beaulieu semble pourtant se rendre à l'évidence. L'expérience a dû le rapprocher du philosophe et économiste Stuart Mill. Je lis, en effet, dans un livre récent, *les Forces productives de la France*, ces paroles prononcées par M. Leroy-Beaulieu à la suite d'une conférence de M. Da-

Cependant, tout comme M. Gide, il a pour l'avenir des inquiétudes. Et comme il faut être prévoyant, l'éminent économiste crée sans barguiner l'école de la productivité illimitée, par les *perspectives de rendement, les récoltes probables* et... les pastilles azotées du chimiste Berthelot (1).

Mais quand bien même, Monsieur le Professeur, quand bien même le blé monterait dans les champs, en masses épaisses, quand bien même des usines procureraient directement

---

niel Zolla sur *la Productivité de l'agriculture et les problèmes sociaux* (p. 41) :

« Personnellement j'ai la faiblesse d'être agriculteur et j'ai éprouvé par moi-même, en France et de l'autre côté de la Méditerranée, combien il y a de différence entre le rendement brut et le rendement net. Ce que vous disait M. Zolla au sujet des machines est l'expression de la plus exacte vérité. Lorsqu'on voit travailler les machines, on s'imagine qu'il y a une économie énorme produite ; on ne tient pas compte qu'en réalité, s'il y a avec les machines un accroissement de la production brute, avec les semoirs, par exemple, qui épargnent le grain, et d'autre part, par la régularité de l'ensemencement, font que la récolte vient mieux, il y a infiniment loin des résultats apparents aux résultats réels.

« Et de même pour les engrais. Les prospectus des marchands d'engrais vous montrent les résultats obtenus sans engrais d'aucune nature, puis les résultats obtenus avec l'engrais de ferme, puis les résultats obtenus avec l'engrais de ferme mélangé avec l'engrais chimique, et vous voyez sur l'image la récolte sans engrais, s'élever à une hauteur comme ceci..., avec le fumier de ferme à une hauteur comme ceci..., avec l'engrais chimique et le fumier de ferme à une hauteur comme cela... Celle-ci quintuple ou décuple les précédentes. Or, il s'en faut qu'il y ait cette différence. Il y a un écart, mais il n'y a pas cet écart de l'unité au décuple, il y a une différence infiniment moindre ».

(1) M. Berthelot prononça le 5 avril 1894 un discours qui eut beaucoup de retentissement au banquet de la *Chambre syndicale des produits chimiques*. Il y disait notamment que vers l'an 2000... « chacun emporterait pour se nourrir sa petite tablette de matière azotée, sa petite motte de matière grasse, son petit morceau de fécule ou de sucre, son petit flacon d'épices aromatiques, tout cela fabriqué économiquement, etc. »

Ces vues prophétiques ont servi de nourriture à tous les malheureux nés depuis cette époque et serviront vraisemblablement jusqu'en l'an 2000 à nourrir les enfants que l'insouciance prolétarienne fera naître.

l'azote nécessaire à la nourriture sous forme de pastilles, quand bien même les progrès atteindraient un développement plus extraordinaire encore, quand bien même, par exemple, la radio-activité permettrait la transmutation de la matière en pain assimilable, la loi de population serait là, menaçante, défiant votre culture, votre industrie, votre chimie. A moins, parbleu ! que les hommes, faisant fi des conseils que vous leur prodiguez, ne se civilisent sexuellement, à moins qu'ils ne limitent volontairement, comme dans les classes éclairées, leur progéniture, à moins d'une action sur la prolification humaine, action laissée au hasard jusqu'alors, à moins de cela, qui est toute la question, la population s'accroîtra avec une rapidité jusqu'alors inconnue.

L'invention des pastilles, l'intervention de la radio-activité reculeront, les malthusiens le savent, fort loin et tout à coup la limite de l'enclos où s'agitent les humains. Une aisance générale s'ensuivra évidemment; mais si, comme elles l'ont fait jusqu'à nos jours, les sociétés se désintéressent entièrement du soin de régler la procréation, cette aisance ne durera pas, et vos pastilles, et la radio-activité n'auront produit qu'une population plus nombreuse, sans doute, mais destinée à bref délai à être limitée par la misère, les guerres, les obstacles répressifs.

Or, les pastilles azotées n'existent pas encore, or, si la radio-activité promet, elle ne nous fait pas encore tenir, et rien de tout cela ne nourrit, aujourd'hui, les milliers d'hommes aux besoins desquels l'agriculture manque à pourvoir. La population, en attendant des aliments chimériques, souffre de la faim, et des hommes meurent en foule d'inanition, de travail excessif, de misère... Limitons donc la population, proportionnons-là aux ressources *actuelles !*

Objections de M. Gustave Schmoller. — M. Gustave Schmoller, professeur à l'Université de Berlin, admet la loi de production diminuante du sol. Il n'en critique pas moins, fort timidement, il faut le dire, la loi de population :

« Les formules numériques de Malthus sont fausses, et il a le tort de donner cette tendance à l'accroissement, *sûrement existante,* comme une tendance naturelle, *absolue, se faisant toujours sentir;* il ne distingue pas assez entre les différents états économiques, les ressources possibles et les expédients ». (*Principes d'économie politique. Trad. Platon,* (V. I, page 428.)

L'une des formules de Malthus, celle de l'accroissement géométrique possible de la population est d'une exactitude absolue. L'autre, celle de l'accroissement arithmétique des subsistances est fausse : fausse par exagération. Il en résulte, comme le dit M. Schmoller lui-même, une tendance *sûrement existante* de la population à presser sur les aliments, à dépasser leur limite.

Que cette tendance soit naturelle, ce n'est pas en doute; qu'elle soit variable avec les contrées et les états économiques et les époques, c'est ce que Malthus a amplement montré par plus de deux cents pages de considérations historiques, ethnologiques, de faits concernant les peuples de la terre, anciens et modernes, faits empruntés aux voyageurs, aux historiens, aux économistes, etc.; qu'elle se soit fait sentir toujours et qu'elle soit *sûrement existante,* c'est la vérité même (1).

Mais Malthus n'a point prétendu qu'elle se ferait toujours sentir; à preuve qu'il indique un moyen de trans-

---

(1) M. Schmoller n'est pas si loin des économistes malthusiens : « Une froide observation, dit-il, ne peut pas faire siens ces éloges dithyrambiques, d'après lesquels la machine et la technique nous auraient depuis 100 ans, comblés de tant de biens, que, à la condition d'observer les lois d'une saine économie politique nous n'aurions tous qu'à vivre tranquillement et dans la joie, sans grand effort et en travaillant, peut-être, par jour 2 à 4 heures. D'abord, *on ne sait pas si partout la population ne croît pas plus rapidement que la moyenne générale de la production.* En second lieu la question se pose de savoir quels sont les domaines de l'économie politique qui sont les plus importants; si ce sont ceux où les progrès techniques sont les plus considérables ou ceux où *ces progrès sont les plus restreints.* Qu'on me permette seulement de rappeler ici que nous dépensons *pour notre nourriture de* 30 *à* 60 o/o de notre revenu, pour notre logement de 10 à 20 o/o. Est-il donc étonnant que la plupart des hommes, en dépit de tous les progrès techniques doivent travailler davantage et plus durement qu'autrefois; qu'on ait pu déjà demander, non sans dédain, s'il nous suffira de meilleurs vêtements et plus beaux, de voyages plus rapides — ces deux principales conquêtes de la technique moderne — pour nous rendre beaucoup plus heureux ?... » (*Princip. d'écon. pol.,* page 544.)

former cette tendance *réelle*, qui produit, malgré les obstacles, la pression de la population sur les aliments, en tendance *virtuelle*.

Malthus désirait que l'humanité vive non pas sur les ressources *possibles* et les *expédients* précaires, mais sur les ressources certaines, disponibles à tout moment; non pas sur les récoltes futures, les aliments en puissance, mais sur le blé, le maïs ou le riz amassés, sur les réserves réelles. Dans ce but, il indiquait: la limitation des naissances.

Objections de M. Julius Wolf. — M. Julius Wolf, professeur d'économie politique en Allemagne, a publié une étude: *Une nouvelle loi de la population*, qui fut traduite, en partie, dans la *Revue d'économie politique* de juin 1902.

M. Wolf, qui reconnaît l'exactitude de la loi de productivité diminuante, fait une distinction entre la tendance à s'accroître des peuples civilisés occidentaux, et la tendance des peuples orientaux, Indiens, Chinois, Russes, etc.

Chez ces derniers, la tendance serait physiologique, réelle; c'est à eux seuls que s'appliquerait la loi de Malthus. Au contraire, il y aurait une tendance à la décroissance de la population chez les premiers, en France par exemple.

Il y a certainement chez nous une diminution du *taux* de la natalité, mais non pas encore dépeuplement; et même s'il y avait dépeuplement, il pourrait y avoir encore et longtemps *pression* de la population sur les aliments. Nous avons en France cinq millions d'habitants en trop pour les ressources agricoles annuelles. La tendance ne sera virtuelle que quand la population se sera d'abord raréfiée de ces cinq millions d'êtres supplémentaires, pour ne progresser ensuite qu'autant que le permettront et le type de bien-être généralement adopté et la production agricole.

Pour qu'il n'y ait plus pression de la population sur les subsistances, il faudrait, étant donné une *ration-type* nécessaire de réparation des forces dépensées pour un travail moyen, que la production agricole et horticole soit capable, à tout moment, de la fournir à tout individu venant au monde. Quel est le pays qui peut, qui a pu satisfaire constamment aux nécessités physiologiques alimentaires de ses habitants et même au type inférieur de bien-être que la nécessité les oblige à adopter?

Il semble certain, néanmoins, que la pression de la population sur les aliments soit moins forte dans les pays occidentaux que dans les pays orientaux. Dans ces derniers, les obstacles répressifs, notamment la misère et les famines, agissent avec une grande énergie. Dans les autres, une somme assez considérable d'obstacles préventifs, l'avortement, les moyens anticonceptionnels et surtout le célibat — qui est pour les femmes une privation, sinon une souffrance — diminuent la pression, mitigent la violence des obstacles répressifs.

Malthus n'a pas manqué d'apercevoir les différences du rapport de la population aux subsistances suivant les divers pays et à des époques différentes. M. Julius Wolf n'expose pas une *nouvelle* loi de la population; il indique deux cas particuliers de celle de Malthus.

Objections diverses. — M. Cauderlier, ingénieur belge, a publié de volumineux travaux sur *les* lois de la population, résumés dans une brochure: *Les causes de la dépopulation en France*. Les économistes français se sont jetés sur ces lois, frénétiquement. Toutes les publications de statistique et d'économie politique ont, pendant un moment, vécu de ce disciple nébuleux de Malthus. Il n'innovait pourtant que par les obscurités qu'il apportait dans la question. M. Cauderlier dit:

« La population croît chaque fois que le rapport entre les *ressources* et les *besoins* augmente, elle décroît au contraire chaque fois que ce rapport diminue. La relation entre ces trois éléments: *population, ressources, besoins* est tellement étroite qu'on pourrait même la mettre sous une formule algébrique:

$$P = \frac{R}{B}$$

Rien de moins clair d'abord que les expressions *ressources* et *besoins*. M. Cauderlier les explique sans doute, faisant entrer dans le mot *ressources* toutes celles d'un pays: agricoles, industrielles, artistiques, intellectuelles, morales, et dans le mot *besoins* tous les besoins de même espèce.

Mais le besoin de manger prime tous les autres. La vie intellectuelle, scientifique, artistique ne vient, ne peut venir que quand le premier besoin, le besoin de nourriture est satisfait. Or, M. Cauderlier suppose cette satisfaction donnée à tous. *Besoin* signifie pour lui *besoin satisfait*. Il considère comme évident que chacun reçoit la ration indispensable.

La formule algébrique de M. Cauderlier peut donner la ration effective, mais il faut la rapprocher, pour juger de l'état économique d'un pays, d'une ration-type, nécessaire physiologiquement.

Soit R la ration-type indispensable à chacun.

Soient a les aliments produits par une contrée et p la population de cette contrée. On obtient évidemment $\frac{a}{p} = r$ ration effective fournie par la production de la contrée.

La question est de savoir si r est inférieur à R, ou si r est égal à R, ou si r est supérieur à R.

Il n'y a aucun doute que r soit de beaucoup inférieur à R. Je renvoie à nouveau à l'étude d'Yves Guyot et à mon essai sur la *Population et les subsistances*.

D'autres écrivains, MM. Cheysson, Wagner, Nitti, notamment, font des objections identiques à celles que nous avons vues. M. Colin, professeur à la Faculté catholique de Paris, accepte les progressions malthusiennes et en envisage les conséquences, mais il ne voit de remède que dans la résignation chrétienne. M. de Foville enfin, s'est livré à de joyeux badinages sur la loi malthusienne. S'il n'est pas bien certainement un éminent économiste, M. de Foville est au moins un économiste spirituel.

Il y a aussi les critiques des socialistes. On me permettra de ne pas m'y arrêter. Les socialistes n'ont jamais sérieusement examiné la loi de Malthus; ou bien ils rééditent les inepties et les calomnies proudhonniennes sur les « carnassiers de Malthus », ou bien ils se renferment, à cause des conséquences, dans un silence habile ou dédaigneux.

TABLE DES MATIÈRES